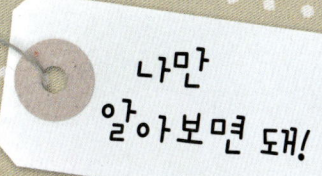
나만 알아보면 돼!

나의 중국어 다이어리

머리말

현재 시중에 다양한 중국어 교재가 나와 있습니다. 대다수의 책이 쉽고 재미있는 책이라고 홍보하지만, 초급 중국어 학습자가 흥미를 갖고 지속적으로 중국어를 공부할 수 있는 정말 쉽고 재미있는 책은 많지 않은 것이 현실입니다. 좀 더 참신한 교재의 필요성에 대한 목마름을 느끼고 있을 때, 초·중·고등학생들의 눈높이에 맞는 새미있는 중국어 다이어리에 대한 제의를 받고 꼭 참여하고 싶다는 생각이 들어 집필에 들어가게 되었습니다.

중국어 다이어리라는 참신한 기획에 동감하여 집필에 매진하던 중, 중학생인 제 조카가 다이어리 작업과정에 대해 흥미를 보였습니다. 그래서 조카를 상대로 실험을 해보았습니다. 중국어라곤 "你好!(니하오!)"와 "再见!(짜이찌엔!)"밖에 모르는 조카아이에게 다이어리에 나오는 단어 몇 개를 알려주고 다이어리에 적고 싶은 자신의 기분을 표현해 보라고 하니 능숙하게 "난 기분이 좋다", "난 행복하다"와 같은 문장들을 만들어 말했습니다. 다시 한번 깨달았습니다. 외국어는 놀이다! 놀이는 무조건 재미있어야 한다!

"나의 중국어 다이어리"는 재미있는 중국어 놀이책입니다. 이 책의 특징은 어려운 문법과 현실과 동떨어진 상황 속 회화연습 대신, 내가 말하고 싶고 내 수준에 꼭 맞는 쉬운 표현만 사용하는 놀이책입니다. 초급학습자들에게 구태의연한 어려운 중국어회화문장을 암기하라고 요구하기 보다 평소에 자신이 친구들과 하는 말들을 중국어로 적어보도록 하는 것이 중국어 실력 향상에 더욱 효과적입니다. 여러분들이 나타내고자 하는 표현들이 늘어나면 자연스레 이 책 외의 단어와 표현들도 필요해 질 것입니다. 그때가 되면 놀라울 만큼 여러분들의 중국어회화실력도 향상되어 있을 거라고 저는 믿습니다.

중국 사천성 성도에서 이은아

중국과의 관계가 밀접해지면서 연령대를 막론하고 중국어 학습자 층이 매우 두터워진 것을 날로 체감하고 있습니다. 또 중국어 학습서 역시 오락성이 많이 가미되고, 실생활에 응용하기 쉬운 책들이 많이 출판되고 있습니다. 이러한 추세에 따라 중·고등학생, 대학생, 직장인 등 모든 중국어 학습자의 중국어 실력 증진을 위해 이 책을 만들었습니다.

연령과 성별에 관계없이 실제 우리 삶에서 일어날 수 있는 일들, 일기에 적을법한 사건들, 꼭 메모 해둬야 하는 단어·문형·예문을 통해서 언제 어디서나 중국어를 사용할 수 있도록 하였습니다. 다양한 분야의 단어를 익힘으로써 어휘를 늘리고, 실생활에 기반한 예문을 통해 그날의 기분을 중국어로 표현하고, 미래를 계획하는데 이 책이 많은 도움이 될 것이라 생각합니다.

시험을 위한 중국어, 취업을 위한 중국어도 좋지만 이 책을 통해 매일 중국어를 사용하고, 기본 문형에 다양한 단어를 응용해 스케줄을 관리하면서 살아있는 중국어를 익히는데 도움이 되었으면 합니다.

끝으로 이 책을 함께 만든 이은아님과 출판사 관계자 여러분께 깊은 감사의 말씀을 드립니다.

이신혜

제 다이어리를 공개합니다!

처음에는 선물 받은 검은 시스템 다이어리를 썼습니다. 예정을 적는 페이지에 더해 수년 분의 달력, 명찰용 클리어포켓, 지하철맵, 주소록 등도 붙어 있어 무척 편리했지만, 커버 가죽이 닳아서 사람들 앞에서는 열지 못할 정도로 많이 사용했기 때문에 바꾸기로 했습니다. 그 뒤에는 무역회사에 근무하는 친구가 준 다이어리, TV 방송국에서 받은 데스크 카렌다, 평범한 스프링노트 등 여러 종류의 다이어리를 써 보았습니다. 최근에 마음에 드는 것은 선명한 색상의 커버로 된 위클리 타입입니다. 예정을 쓰는 칸의 크기가 적당하고, 들고 다니기에 무겁지 않아 좋습니다. 매년 색을 고르는 것도 즐겁습니다. 내년에는 어떤 다이어리를 쓸지 벌써 고민이 됩니다.

年度计划表 연간계획표

1月	2月	3月	4月	5月	6月
1	1	1	1	1	1 更新护照
2	2	2	2	2	2
3	3	3	3	3 妈妈的生日	3
4	4 演唱会	4	4	4	4
5	5	5	5 宝宝的生日	5	5 申请签证
6	6	6	6	6	6
7	7	7	7	7	7
8	8	8	8	8	8
9 新年会	9	9	9	9	9
10	10	10	10	10	10
11	11	11	11	11	11
12	12	12	12 第二季度会议	12	12
13	13	13	13	13	13
14	14 情人节	14 白色情人节	14	14	14
15	15	15	15	15	15
16	16	16	16	16	16
17	17	17	17	17 ↑	17
18 第一季度会议	18	18	18	18 台湾出差	18
19	19 做体检	19	19	19 ↓	19
20	20	20	20	20	20
21	21	21	21	21	21
22	22	22	22	22	22 ↑
23	23	23	23	23	23
24	24	24	24	24	24 去夏威夷
25	25	25	25	25	25
26 探访奶奶	26	26	26	26	26
27	27	27 搬家	27	27	27
28	28	28	28	28	28 ↓
29	29	29	29	29	29
30	30	30	30 报名托福	30	30
31	31	31	31	31	31

TIPS 年度计划는 일년 계획 중에서 이미 정해진 큰 계획을 적어놓도록 합니다. 또 칸이 작기 때문에 최대한 짧게 쓰고, 자기만 알아볼 수 있는 줄임말로 기록해도 좋습니다.

예시 新年会 신년모임, 第一季度会议 1분기회의, 探访奶奶 외할머니댁 방문, 演唱会 콘서트, 情人节 발렌타인데이, 做体检 신체검사, 白色情人节 화이트데이, 搬家 이사, 宝宝的生日 아기생일, 第二季度会议 2분기회의, 报名托福 토익신청, 妈妈的生日 엄마생신, 台湾出

7月	8月	9月	10月	11月	12月
1	1	1	1	1	1
2	2	2	2	2	2
3	3	3	3	3	3
4	4	4	4	4	4
5	5	5 同学聚会	5	5	5
6	6	6	6	6 理事会开始	6
7	7	7	7	7	7 营销会议
8	8	8	8	8	8
9	9	9	9	9	9
10	10	10	10	10	10
11	11 宝宝夏令营	11	11	11	11
12	12	12	12	12	12
13	13	13	13	13	13
14	14	14	14	14	14
15	15	15	15	15	15
16	16	16	16	16 燕儿的高考	16
17	17	17	17	17	17
18	18	18	18	18	18
19	19	19	19	19	19 忘年会
20	20	20	20	20	20
21	21	21	21	21	21
22	22	22	22	22	22
23	23	23	23	23	23
24	24	24	24	24	24
25 老公的生日	25	25	25 美娜结婚	25	25 圣诞节聚会
26	26	26	26	26	26
27	27	27	27	27	27
28	28	28 珍妮画展	28	28	28
29	29 美美的温居	29	29	29	29
30	30	30	30	30 参加博览会	30
31	31	31	31	31	31

差 대만출장, 更新护照 여권갱신, 申请签证 비자신청, 去夏威夷 하와이 가기, 老公的生日 남편생일, 宝宝夏令营 아기 여름캠프, 美美的温居 미미 집들이, 同学聚会 동창모임, 珍妮画展 제니 전람회, 美娜结婚 미나 결혼, 理事会开始 이사회 시작, 燕儿的高考 연아 수능, 参加博览会 엑스포 참관, 营销会议 마케팅회의, 送旧晚会 송년회, 圣诞节聚会 크리스마스 파티

月度计划表 월간계획표

4월

月	火	水
		1 钢琴辅导 피아노 과외
6 同米米 看电影 미미랑 영화	7 洗衣服 세탁하기	8
13	14	15 跟学习小组 复习古文 스터디 그룹이랑 고문 복습
20 要去洗牙 스케일링	21	22
27	28	29

TIPS 月度计划는 그 달의 계획 중 잊지 말아야 할 일들을 우선적으로 기록해 두도록 합니다.

木	金	土	日
2	3 爷爷要来我家 할아버지 오시는 날	4	5
9	10	11	12
16	17	18 学校运动会 학교 운동회	19
23	24 亮妮的生日聚会！ 량니 생일 파티!	25	26 要送爷爷 할아버지 배웅
30 期末考试 기말고사	31 →		

예시 钢琴辅导 피아노 과외, 爷爷要来我家 할아버지 오시는 날, 同米米看电影 미미랑 영화, 洗衣服 세탁하기, 跟学习小组复习古文 스터디 그룹이랑 고문 복습, 学校运动会 학교 운동회, 要去洗牙 스케일링, 亮妮的生日聚会！량니 생일 파티!, 要送爷爷 할아버지 배웅, 期末考试 기말고사

20 星期一	13号的"欧洲古典音乐入门"调到今天!别忘了! (三点/西楼302教室)
21 星期二	四点半:礼堂放电影。约小王。 七点:同学哥去网吧
22 星期三	在东楼705教室:英语学习小组/准备小演讲 (自由演讲)
23 星期四	两点:去蒋老师办公室帮忙
24 星期五	要约飞机票/如果约不上要买火车票
25 星期六	孙姐摄影展(南京路307)要坐地铁去啦!
26 星期天	要给秦老师发E-MAIL,定时间 跟小王去自然公园

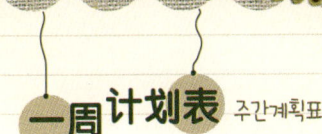
一周计划表 주간계획표

TIPS 주간 다이어리는 칸이 넓기 때문에 "잊지마!"와 같은 메모도 적어 넣을 수 있다. 언제, 어디서, 누구와, 무엇을 할지 상세히 기록해두면 다음 일정을 차질 없이 진행할 수 있으며, 시간도 절약할 수 있다.

예시

13 号的"欧洲古典音乐入门"调到今天！别忘了！(三点/西楼 302 教室)
13일 "유럽 고전음악 개론" 오늘로 옮김! 잊지 말것!(3시/ 서관 302교실)

四点半:礼堂放电影。约小王。
4시반: 강당에서 영화. 샤오왕이랑 약속

7 点:同学哥去网吧
7시: 선배랑 pc방 가기

在东楼 705 教室：英语学习小组/准备小演讲(自由演讲)
동관 705호: 영어 스터디 그룹/ 스피치 준비(자유스피치)

2 点：去蒋老师办公室帮忙
2시: 장선생님 사무실에 가서 도와드리기

要约飞机票/如果约不上要买火车票
비행기표 예약/ 안되면 기차표 사기

孙姐摄影展(南京路 307)要坐地铁去啦！
손선배 사진전(난징로 307) 지하철 타야함!

要给秦老师发 E-MAIL，定时间
친선생님께 메일 보내서 시간 정하기

跟小王去自然公园
샤오왕이랑 자연공원 가기

11

一日计划表 일일계획표

6:00	—	起床 / 洗澡
7:00	—	吃饭 / 喂小狗饭
8:00	—	送女儿上学（要去加油站加油）
9:00	—	上班
10:00	—	向主编报告 / 准备采访 / 写好计划表
11:00	—	去采访王经理
12:00	—	跟王经理吃午饭
13:00	—	写采访记录
14:00	—	写采访报告，交给主编
15:00	—	去参加各大报社记者会议
16:00	—	
17:00	—	向陈部长报告 / 跟泰小姐喝咖啡
18:00	—	跟陈部长商量下周计划 / 去接女儿 & 爱人
19:00	—	跟家人吃晚饭（去日餐厅）
20:00	—	扔垃圾 / 有空带狗狗去散步
21:00	—	给小张发邮件（要附上次的照片!）
22:00	—	学习英语 / 整理生词 / 背课文
23:00	—	入睡
24:00	—	
25:00	—	

TIPS 학생이나, 기자, 사장님 같이 하루 일정을 세세히 적어야 하는 사람들에게 하루 일과표를 충실히 적어볼 것을 권합니다. 일과표를 통해 하루를 되돌아 볼 수도 있고, 다음 일정을 더욱 효율적으로 관리할 수도 있습니다.

예시

起床 / 洗澡 기상 / 샤워

吃饭 / 喂小狗饭 밥 먹기 / 강아지 밥 주기

送女儿上学 (要去加油站加油) 딸 학교에 데려다 주기 (주유소에 가서 주유)

上班 출근

向主编报告 / 准备采访 / 写好计划表
편집장님께 보고서 제출 / 인터뷰 준비 / 계획표 작성

去采访王经理 왕 사장님 인터뷰 가기

跟王经理吃午饭 왕 사장님과 점심

写采访记录 인터뷰 노트 쓰기

写采访报 , 交给主编 인터뷰 보고서 작성해서 편집장님께 제출 .

去参加各大报社记者会议 주요 신문사 기자회의 참석

向陈部长报告 / 跟泰小姐喝咖啡 천 팀장님께 보고서 제출 / 미스 친이랑 커피 약속

跟陈部长商量下周计划 / 去接女儿 & 爱人
천팀장님이랑 내주 계획 상의 / 딸이랑 와이프 데리러 가기

跟家人吃晚饭（去日餐厅）가족이랑 저녁 (일식집)

扔垃圾 / 有空带狗狗去散步 쓰레기 버리기 / 시간되면 강아지 산책

给小张发邮件 (要附上次的照片！) 샤오장한테 이메일 (저번 사진 반드시 첨부 !)

学习英语 / 整理生词 / 背课文 영어 공부 / 새단어 정리 / 본문 외우기

入睡 취침

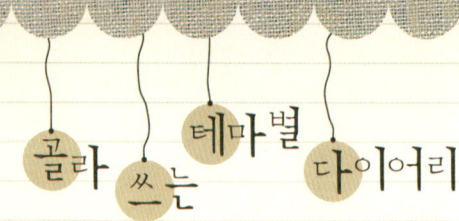

　최근에는 예정을 쓰는 것 뿐만 아니라, 테마별로 다이어리가 있는 것을 알고 계십니까? 이런 것들은 목적을 달성하거나, 동기를 지속하거나, 기록으로 남겨두고 싶은 사람들에게 애용되고 있습니다. 자신의 흥미나 필요에 따라 테마 다이어리를 써 보는 것도 좋습니다.

다이어트 다이어리

　아침, 점심, 저녁에 먹은 것과 그 칼로리, 체중을 적는 칸이 있습니다. 식품영양표나 칼로리 소비량 표 등이 실려 있는 것도 많아 다이어리로 건강관리가 되는 것이 장점입니다.

스터디 다이어리

　시험과 과목별로 구체적으로 계획하고 결과에 대해 반성할 점과 그래프를 그릴 수도 있습니다. 참고 서적 목록, 문화 활동, D-day 프로젝트, 위시 리스트 등 공부 의욕을 불러 일으키는 정보로 가득합니다.

여행 다이어리

　준비물 목록, 여행 경비 예산 짜기, 한눈에 보는 일정과 같은 여행 준비에서부터 여행 루트, 지출정리, 일기 등 여행 중에 기록할 수 있는 칸 등이 있습니다. 알찬 여행을 도와주는 도우미 역할을 톡톡히 한답니다.

육아 다이어리

수유시간, 수면시간, 응가를 한 시간 등을 간단하게 적는 다이어리입니다. 시간별로 옆에 그려져 있는 젖병이나 응가의 그림에 색을 칠하면 되므로 쉽게 기록할 수 있습니다. 목을 가눈 시기나 걸음마를 한 시기 등을 기록해서 아기의 성장을 남겨둡시다.

이외에도 다양한 테마 다이어리가 있습니다. 다이어리 코너나 인터넷에서 찾아 보세요.

노트란의 활용법

많은 다이어리에는 노트란(자유롭게 쓰는 페이지) 이 있습니다. 다이어리를 애용하는 여러분들에게 그 활용법을 물어보니 재미있는 아이디어가 많았습니다. 내용은 다양했지만 주로 '한 일을 기록해 둔다', (적어 놓지 않으면 금세 잊어버리는 것을) '잊지 않기 위해서 써 둔다', 등이 공통적으로 나왔습니다.

다이어리 애용자 여러분들이 가르쳐 준 노트란 활용 아이디어를 소개합니다.

메모장

생각난 아이디어 (신제품 디자인, 기획안, 태어날 아기의 이름 후보 등) 를 써 두는 편이에요. 잡지에서 본 간단한 레시피를 베껴 적을 때도 있습니다.

지도

거래처나 마음에 드는 가게를 발견했을 때는 지도를 그려 둡니다. 지하철을 갈아타는 곳 등을 표시해두면 다음에 갈 때는 다시 찾거나 헤매지 않아도 되니까요.

추가 사항

그날, 또는 그 주에 해야 하는 일은 데일리나 위클리 페이지에 쓰고 있지만, 특별히 급하지 않은 것(대청소, 사진 정리, 양복 사이즈 다시 재기 등) 은 노트에 쓰고 있어요.

장기적인 계획

나이와 그 나이에 달성하고 싶은 구체적인 목표를 적고 꿈과 현실을 향해 장기적인 계획을 세우는데 이용하고 있습니다. 목표가 막연해도 장래의 이상적인 자신의 모습을 이미지화 해보면, 무엇을 하면 좋을지 구체적으로 보입니다.

매너

거래처에서 실수하지 않도록 비즈니스매너나 식사매너, 택시 안에서의 좌석우선순위 등 중요한 것을 적어 놓고, 사람과 만나기 전에 한번 훑어보면 도움이 됩니다.

건강을 위해

저는 단 것과 술을 좋아하기 때문에 도가 지나치는 경우도 많기 때문에 먹고 마신 것과 양을 기록하고 있어요. 지나치게 먹고 마신 경우에는 반성하고 다음부터 주의하도록 노력하고 있어요.

원하는 내 모습

자신의 생활이나 일에 대한 태도를 되돌아보고 개선점은 무엇인지, 어떤 사람이 되고 싶은지를 쓰고 있습니다. 이렇게 가끔 재점검함으로써 자기향상을 위한 노력을 게을리 하지 않고 있습니다.

사진

　아기의 표정이나 직접 만든 도시락을 찍어 스티커 인쇄를 해서 붙여 놓습니다. 아기는 나날이 얼굴이 바뀌기 때문에 변화를 보는 것이 즐겁습니다. 여행지에서 찍은 보기드문 음식 사진도 붙여 놓습니다.

　덧붙여 저는「받은 선물」,「선물 한 것」,「읽은 책이나 본 영화의 제목」,「출판한 책이나 관련된 잡지, 기사나 저작이 소개된 신문이나 정보지」등을 항목별로 쓰고 있습니다. 또 좋아하는 포르쉐 사진을 오려 붙이거나 동경하는 할리우드스타의 사진을 끼워놓고 가끔 바라보는 마음의 비타민을 보충합니다.

　여러분들도 좋아하는 것이나 소중한 것을 많이 적어두고 항상 들고 다니고 싶은 다이어리를 만들어보세요.

차례

머리말	3
제 다이어리를 공개합니다!	5
연간 계획표	6
월간 계획표	8
주간 계획표	10
일일 계획표	12
골라 쓰는 테마별 다이어리	14
이 책의 사용법	25

간단한 메모부터 시작해보자! 27

1. 달력에 적기	28
2. 달, 오전 / 오후	29
3. 요일	30
4. 명절 / 기념일	31
5. 한 / 중 공휴일	32
6. 개인 기념일	33
7. 일상	34
8. 행사	35
9. 날씨1	36
10. 날씨2	37
11. 청소	38
12. 가족 / 친척1	39

13. 가족 / 친척2	40
14. 가족 / 친척3	41
15. 직업1	42
16. 직업2	43
17. 세계각국1	44
18. 세계각국2	45
19. 세계도시1	46
20. 세계도시2	47
21. 세계도시3	48
22. 5 대양 6 대주	49
23. 회사 스케줄1	50
24. 회사 스케줄2	51
25. 주변 사람들	52
26. ~ 에게 연락하기	53
27. 일상스케줄	54
28. 이사	55
29. 일상 메모1	56
30. 일상 메모2	57
31. 세일	58
32. 유명 의류 브랜드	59
33. 유명 화장품 브랜드	60
34. 파티	61
35. 예약1	62
36. 예약2	63
37. 취미 생활	64
38. 배우기	65

39. 건물1	66
40. 건물2	67
41. 상점	68
42. 회사	69
43. 교과목1	70
44. 교과목2	71
45. 학생메모1	72
46. 학생메모2	73
47. 시험	74
48. 꽃	75
49. 채소1	76
50. 채소2	77
51. 과일	78
52. 견과류	79
53. 유제품 / 디저트	80
54. 육류	81
55. 해산물	82
56. 식료품	83
57. 커피 / 차	84
58. 양념	85
59. 빵1	86
60. 빵2	87
61. 중국요리	88
62. 한국요리	89
63. 외국요리	90
64. 일용품	91

65. 주방용품1	92
66. 주방용품2	93
67. 주방용품3	94
68. 전자제품	95
69. 유아용품1	96
70. 유아용품2	97
71. 화장품1	98
72. 화장품2	99
73. 의류	100
74. 액세서리	101
75. 문구	102
76. 악기	103
77. 교통수단	104
78. 곤충	105
79. 동물1	106
80. 동물2	107
81. 조류	108
82. 방안 물건	109
83. 색깔	110
84. 무늬	111
85. 춤 / 노래	112
86. 공주들	113
87. 장소 전치사	114
88. 시간 전치사	115

딱 한줄만 써보자! 117

PART 1 단어만 골라 넣으면 돼! — 118

1. 내가 간 장소 — 118
2. 여가 활동 — 119
3. 산 것 — 120
4. 우연히 만난 사람 — 121
5. 준 것 — 122
6. 내가 받은 것 — 123
7. 먹은 것 — 124
8. 마신 것 — 125
9. 만든 것 — 126
10. 잊어버린 것 — 127
11. 할 일 — 128
12. 잃어버린 것 — 129
13. 찾은 것 — 130
14. 하고 싶은 것 — 131

PART 2 내가 쓰고 싶은 것만 쓰자! — 132

1. 수면 / 기상 — 132
2. 통근 / 출근 — 133
3. 보고 듣고 읽은 것 — 134
4. 집안 일 — 135
5. 중국인의 취미 — 136

6. 컨디션	137
7. 다이어트	138
8. 기쁜 일	139
9. 안타까운 일	140
10. 여가 시간	141

PART 3 내 기분을 쓰자! 142

1. 기쁨과 슬픔	142
2. 놀람	143
3. 성공과 실패	144
4. 분노와 화	145
5. 후회와 안심	146
6. 느낌과 만족	147
7. 감상	148
8. 외모	149
9. 성격	150
10. 칭찬과 격려	151

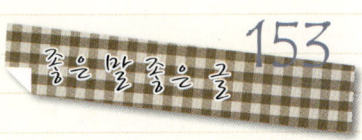

좋은 말 좋은 글 153

1. 인생	154
2. 성공	156
3. 위안	158

4. 격려	160
5. 도전	162
6. 속담 / 격언	164
7. 올해의 목표	166

나만의 프로필 169

1. 새해의 목표는 무엇인가?	170
2. 당신은 요즘 무엇에 빠져있는가?	172
3. 당신이 제일 존경하는 사람은?	174
4. 당신의 꿈은?	176
5. 내 장점은 무엇인가?	178
6. 내 성격 중 바꾸고 싶은 부분은?	180
7 내가 행복을 느낄 때는?	182
8. 나에게 가장 소중한 것은?	184
9. 매일 꾸준히 하는 일은?	186
10. 10년 후 내 모습은?	188

내가 직접 만들어 보는 중국어 다이어리	191

이 책의 사용법

이 책은 중국어로 다이어리를 쓸 때 도움이 되는 표현을 주요 내용으로 다음과 같이 구성되었습니다.

- 간단한 메모부터 시작해보자!
- 딱 한 줄만 써보자!
- 좋은 말 좋은 글
- 나만의 프로필
- 내가 직접 만들어보는 중국어 다이어리!

"간단한 메모부터 시작해보자"에는 다이어리를 쓸 때 필요한 다양한 단어들이 항목별로 소개되어 있습니다. 각 항목 위에 있는 예를 참고해서 다양한 일정을 만들어 써보세요.

필요한 단어들이 익숙해졌다면 이번에는 "딱 한 줄만 써보자" 코너를 통해 간단하게 한 줄 일정을 적어보는 것에 도전해보세요. 그 날 생긴 일이나 감정을 Part 1, 2, 3 에서 찾아 다이어리의 빈 공간을 채워보세요.

"좋은 말 좋은 글"에는 위안이 되고, 나를 채찍질 하기도 하는 좋은 문장들이 수록되어 있습니다. 마음에 드는 글귀를 찾아 활용하세요.

"나만의 프로필"에는 꿈이나 존경하는 사람 등 자기에게 물어보는 질문들이 있고, 그에 대한 적절한 대답이 예시로 제공됩니다. 나의 생각과 느낌을 써 볼 수 있는 공간에 자신의 대답을 적어보세요.

"내가 직접 만들어 보는 중국어 다이어리"에는 12개월 분의 월별 다이어리가 있습니다. 책에서 필요한 부분을 찾아 "나의 중국어 다이어리"를 꾸며보세요. 문법을 생각하지 말고 과감하게 단어부터 문장까지 중국어로 다이어리를 쓰면서, 중국어와 더욱 친해지시길 바랍니다.

DIARY

간단한 메모부터 시작해보자!

여기에서는 중국어로 다이어리를 쓸 때
편리한 단어를 소개합니다.
각 항목의 위에 있는 예를 참고하면서
일정을 중국어로 써 보세요.
모르는 것은 우리말 그대로 써도 됩니다.
긴 문장은 짧은 단어로 바꿔 쓰거나
색연필로 컬러풀하게
나만의 다이어리를 만들어 보세요.

1. 달력에 적기

01 星期一

11:00面试，重要! 11시 면접, 중요해!
Shíyī diǎn miànshì, zhòngyào!

결정 되지 않음	还没决定 hái méi juédìng
잠정적임	暂时的事情 zànshí de shìqing
확정되지 않음	没确定 méi quèdìng
반드시 해야 할 일	必须要做的事情 bìxū yào zuò de shìqing
제일 급한 일	最要紧的事情 zuì yàojǐn de shìqing
먼저 해야 할 일	先要做的事情 xiān yào zuò de shìqing
꼭 확인 해야 할 일	必须要确认的事情 bìxū yào quèrèn de shìqing
중요한 것	重要 zhòngyào
아직 끝나지 않은 일	还没做完的事情 hái méi zuòwán de shìqing
	没做完 méi zuòwán
끝난 일	做完的事情 zuòwán de shìqing
	完成 wánchéng
잊지 말 것	不要忘了 bú yào wàng le
	别忘 bié wàng

2. 달, 오전/오후

21 星期天　**上午八点吃药** 아침 8시에 약 먹기
Shàngwǔ bā diǎn chīyào

1월	一月	yī yuè
2월	二月	èr yuè
3월	三月	sān yuè
4월	四月	sì yuè
5월	五月	wǔ yuè
6월	六月	liù yuè
7월	七月	qī yuè
8월	八月	bā yuè
9월	九月	jiǔ yuè
10월	十月	shí yuè
11월	十一月	shíyī yuè
12월	十二月	shí'èr yuè
오전	上午	shàngwǔ
정오	中午	zhōngwǔ
오후	下午	xiàwǔ

3. 요일

05 星期天

星期天去教堂 일요일에 교회 가기
Xīngqītiān qù jiàoáng

월요일	星期一	xīngqīyī
	礼拜一	lǐbàiyī
화요일	星期二	xīngqī'èr
	礼拜二	lǐbài'èr
수요일	星期三	xīngqīsān
	礼拜三	lǐbàisān
목요일	星期四	xīngqīsì
	礼拜四	lǐbàisì
금요일	星期五	xīngqīwǔ
	礼拜五	lǐbàiwǔ
토요일	星期六	xīngqīliù
	礼拜六	lǐbàiliù
일요일	星期日	xīngqīrì
	星期天	xīngqītiān
	周日	zhōurì
	礼拜天	lǐbàitiān

4. 명절/기념일

01 星期二 元旦 설날
Yuándàn

신정	元旦	Yuándàn
음력 설	春节	Chūnjié
정월 대보름/원소절	元宵节	Yuánxiāojié
한식	寒食节	Hánshíjié
청명절	清明节	Qīngmíngjié
단오절	端午节	Duānwǔjié
추석	中秋节	Zhōngqiūjié
발렌타인 데이	情人节	Qíngrénjié
여성의 날/3.8 부녀절	妇女节	Fùnǚjié
만우절	愚人节	Yúrénjié
부활절	复活节	Fùhuójié
6.1 중국 어린이 날	儿童节	Értóngjié
9.10 중국 스승의 날	教师节	Jiàoshījié
할로윈 데이	万圣节	Wànshèngjié
크리스마스 이브	平安夜	Píng'ānyè
크리스마스	圣诞节	Shèngdànjié

5. 한/중 공휴일

01 星期三 **3月1日抗日纪念日** 3월1일은 삼일절
Sān yuè yī rì kàngrì jìniànrì

3.1 절	3月1日抗日纪念日 Sān yuè yī rì kàngrì jìniànrì
현충일	显忠日 Xiǎnzhōngrì
광복절	光复节 Guāngfùjié
개천절	开天节 Kāitiānjié
석가탄신일	佛诞日 Fódànrì
식목일	植树节 Zhíshùjié
한글날	韩文纪念日 Hánwén jìniànrì
6.25	韩国战争 Hánguó zhànzhēng
	朝鲜战争 Cháoxiān zhànzhēng
	抗美援朝战争 Kàngměi yuáncháo zhàn zhēng
	韩半岛战争 Hánbàndǎo zhànzhēng
	朝鲜半岛战争 Cháoxiān bàndǎo zhànzhēng
5.1 노동절	劳动节 Láodòngjié
10.1 건국 기념일	国庆节 Guóqìngjié

6. 개인 기념일

29 星期五 　我的生日 　내 생일
Wǒ de shēngrì

생일	生日	shēngrì
~의 생일 파티	~的生日聚会	~de shēngrì jùhuì
	~的生日派对	~de shēngrì pàiduì
결혼 기념일	结婚纪念日	jiéhūn jìniànrì
~의 결혼식	~的结婚典礼	~de jiéhūn diǎnlǐ
창립기념일	成立纪念日	chénglì jìniànrì
창립 ~주년	成立~周年	chénglì ~zhōunián
~의 기일	~的忌日	~de jìrì
장례식	葬礼	zànglǐ
제사	祭祀	jìsì
입학식	入学典礼	rùxué diǎnlǐ
개학식	开学典礼	kāixué diǎnlǐ
졸업식	毕业典礼	bìyè diǎnlǐ
월급날	发薪日	fāxīnrì
보너스	奖金	jiǎngjīn
	津贴	jīntiē

7. 일상

31 星期三 | **7点要洗牙** 7시에 이 닦기
Qī diǎn yào xǐyá

대청소 하기	要大扫除　yào dàsǎochú
투표 하기	要投票　yào tóupiào
운전면허 갱신 하기	要换发驾照　yào huànfā jiàzhào
여권 갱신 하기	要换发护照　yào huànfā hùzhào
스케일링 하기	要洗牙　yào xǐyá
건강검진 하기	要体检　yào tǐjiǎn
입원 하기	要住院　yào zhùyuàn
퇴원 하기	要出院　yào chūyuàn
미용실 가기	要去美容院　yào qù měiróngyuàn
	要去理发店　yào qù lǐfàdiàn

8. 행사

20 星期二

二手市场 중고시장
Èrshǒu shìchǎng

바자회	义卖会	yìmàihuì
벼룩시장	跳蚤市场	tiàozǎo shìchǎng
	二手市场	èrshǒu shìchǎng
마을 운동회	社区运动会	shèqū yùndònghuì
마을 파티	社区聚会	shèqū jùhuì
불꽃놀이	(放)鞭炮	(fàng) biānpào
노래자랑	歌唱比赛	gēchàng bǐsài
	歌咏比赛	gēyǒng bǐsài
마라톤 대회	马拉松大会	mǎlāsōng dàhuì
보이스카우트	童子军	tóngzǐjūn

9. 날씨-1

06 星期六 — 一直下雨 *종일 비가 오네*
Yìzhí xiàyǔ

쾌청한 날	好天气 hǎotiānqì
맑은 날	晴天 qíngtiān
흐린 날	阴天 yīntiān
비오다	下雨 xiàyǔ
소나기가 오다	下阵雨 xià zhènyǔ
천둥번개를 동반한 소나기가 오다	下雷阵雨 xià léizhènyǔ
폭우가 내리다	下暴雨 xià bàoyǔ
눈 오다	下雪 xiàxuě
덥다	热 rè
습하다	湿 shī
건조하다	干(燥) gān(zào)
따뜻하다	(温)暖 (wēn)nuǎn
시원하다	(清)凉 (qīng)liáng
춥다	冷 lěng
얼어 죽겠어	冻死了 dòngsǐ le
산들바람	微风 wēifēng

10. 날씨-2

27 星期五 | **3.6级地震** 3.6도의 지진
Sān diǎn liù jí dìzhèn

많은 바람이 불다	刮大风 guā dàfēng
대풍이 오다	刮台风 guā táifēng
공기가 안 통해 답답하다	闷(热) mèn(rè)
벼락이 치다	打雷 dǎléi
회오리 바람이 불다	刮旋风 guā xuánfēng
눈사태가 생기다	发生雪崩 fāshēng xuěbēng
산사태가 생기다	发生山崩 fāshēng shānbēng
우박이 내렸다	下了冰雹 xiàle bīngbáo
지진이 일어났다	发生了地震 fāshēngle dìzhèn

11. 청소

09 星期六 | 要洗被子 이불빨기
Yào xǐ bèizi

청소하기	打扫卫生 dǎsǎo wèishēng
이불 세탁하기	洗被子 xǐ bèizi
서랍 정리하기	整理抽屉 zhěnglǐ chōutì
옷 정리 하기	整理衣服 zhěnglǐ yīfu
먼지 털기	除尘 chúchén
바닥 닦기	擦地板 cā dìbǎn
걸레로 ~닦기	用抹布擦~ yòng mòbù cā~
빗자루로 ~쓸기	用扫把扫~ yòng sǎobǎ sǎo~
분리수거	垃圾分类回收 lājī fēnlèi huíshōu
음식물 쓰레기	食物垃圾 shíwù lājī
재활용 쓰레기	可回收垃圾 kě huíshōu lājī

12. 가족/친척-1

15 星期天

跟哥哥见面 오빠랑 만나기
Gēn gēge jiànmiàn

간단 메모
한 줄 일기
좋은 말 좋은 글
나만의 프로필

아버지	父亲	fùqīn
어머니	母亲	mǔqīn
아빠	爸爸	bàba
엄마	妈妈	māma
형제	兄弟	xiōngdì
자매	姐妹	jiěmèi
형/오빠	哥哥	gēge
남동생	弟弟	dìdi
언니/누나	姐姐	jiějie
여동생	妹妹	mèimei
남편	丈夫	zhàngfu
아내	妻子	qīzi
자식	孩子	háizi
아들	儿子	érzi
딸	女儿	nǚ'ér
아내	爱人	àirén

06 星期一 给表妹打电话 동생에게 전화하기
Gěi biǎomèi dǎ diànhuà

친척	亲戚	qīnqī
친할아버지	爷爷	yéye
친할머니	奶奶	nǎinai
외할아버지	外公	wàigōng
외할머니	外婆	wàipó
손자	孙子	sūnzi
손녀	孙女	sūnnǚ
큰아버지	伯父	bófù
큰어머니	伯母	bómǔ
삼촌	叔叔	shūshu
이모	姨妈	yímā
고모	姑妈	gūmā
사촌형/오빠	表哥	biǎogē
사촌언니/누나	表姐	biǎojiě
사촌남동생	表弟	biǎodì
사촌여동생	表妹	biǎomèi

14. 가족/친척-3

26 星期四
家里来了表亲 집에 사촌 동생이 왔다
Jiā li láile biǎoqīn

큰아버지	大伯 dàbó
	伯伯 bóbo
사촌	表亲 biǎoqīn
장인	丈人 zhàngrén
	岳父 yuèfù
장모	丈母娘 zhàngmǔniáng
	岳母 yuèmǔ
시아버지	公公 gōnggong
시어머니	婆婆 pópo
며느리	(儿)媳妇 (ér)xífu
사위	女婿 nǚxu

15. 직업-1

02 星期天 — 和王老师有个约会
Hé Wáng lǎoshī yǒu gè yuēhuì

왕 선생님과 약속

한국어	中文	병음
학생	学生	xuésheng
교사	教师	jiàoshī
교수	教授	jiàoshòu
정치가	政治家	zhèngzhìjiā
변호사	律师	lǜshī
세무사	会计师	kuàijìshī
사서	图书管理员	túshū guǎnlǐyuán
작가	作者	zuòzhě
만화가	漫画家	mànhuàjiā
의사	医生	yīshēng
치과의사	牙医	yáyī
간호사	护士	hùshi
수의사	兽医	shòuyī
경찰관	警察	jǐngchá
은행원	银行职员	yínháng zhíyuán
건축가	建筑师	jiànzhùshī

16. 직업-2

11 星期一 我想当空中小姐 스튜어디스가 되고 싶다
Wǒ xiǎng dāng kōngzhōng xiǎojiě

소방관	消防员	xiāofángyuán
통역사	翻译	fānyì
사진가	摄影师	shèyǐngshī
	摄影家	shèyǐngjiā
파일럿	飞行员	fēihángyuán
	驾驶员	jiàshǐyuán
비행기 승무원(여자)	空中小姐	kōngzhōng xiǎojiě
미용사	美容师	měiróngshī
	理发师	lǐfàshī
약사	药剂师	yàojìshī
조율사	调音师	tiáoyīnshī
회사원	上班族	shàngbānzú
웨이터/웨이트리스	服务员	fúwùyuán
주방장	厨师	chúshī

17. 세계각국-1

06 星期五

去中国 중국 가기
Qù Zhōngguó

한국	韩国	Hánguó
중국	中国	Zhōngguó
일본	日本	Rìběn
러시아	俄罗斯	Éluósī
인도	印度	Yìndù
태국	泰国	Tàiguó
필리핀	菲律宾	Fēilǜbīn
인도네시아	印度尼西亚	Yìndùníxīyà
말레이시아	马来西亚	Mǎláixīyà
싱가포르	新加坡	Xīnjiāpō
몽골	蒙古	Měnggǔ
이집트	埃及	Āijí
남아프리카공화국	南非	Nánfēi
미국	美国	Měiguó
캐나다	加拿大	Jiānádà
브라질	巴西	Bāxī

18. 세계각국-2

22 星期四 从英国来了一位买主
Cóng Yīngguó láile yí wèi mǎizhǔ
영국에서 바이어가 왔다

프랑스	法国 Fǎguó
이탈리아	意大利 Yìdàlì
영국	英国 Yīngguó
스페인	西班牙 Xībānyá
포르투갈	葡萄牙 Pútáoyá
네덜란드	荷兰 Hélán
독일	德国 Déguó
스위스	瑞士 Ruìshì
노르웨이	挪威 Nuówēi
스웨덴	瑞典 Ruìdiǎn
핀란드	芬兰 Fēnlán
덴마크	丹麦 Dānmài
호주	澳洲 Àozhōu
뉴질랜드	新西兰 Xīnxīlán

19. 세계도시-1

02 北京大学手续 북경대학 수속
星期一 Běijīng Dàxué shǒuxù

서울	首尔	Shǒu'ěr
베이징	北京	Běijīng
상하이	上海	Shànghǎi
모스크바	莫斯科	Mòsīkē
타이페이	台北	Táiběi
도쿄	东京	Dōngjīng
뉴델리	新德里	Xīndélǐ
방콕	曼谷	Màngǔ
마닐라	马尼拉	Mǎnílā
워싱턴	华盛顿	Huáshèngdùn
뉴욕	纽约	Niǔyuē
로스앤젤레스	洛杉矶	Luòshānjī
샌프란시스코	旧金山	Jiùjīnshān
시카고	芝加哥	Zhījiāgē
벤쿠버	温哥华	Wēngēhuá
토론토	多伦多	Duōlúnduō

20. 세계도시-2

17 星期天 想去巴黎 파리에 가고 싶다
Xiǎng qù Bālí

파리	巴黎	Bālí
로마	罗马	Luómǎ
런던	伦敦	Lúndūn
마드리드	马德里	Mǎdélǐ
리스본	里斯本	Lǐsīběn
암스테르담	阿姆斯特丹	Āmǔsītèdān
베를린	柏林	Bólín
베른	伯尔尼	Bó'ěrní
오슬로	奥斯陆	Àosīlù
스톡홀름	斯德哥尔摩	Sīdégē'ěrmó
헬싱키	赫尔辛基	Hè'ěrxīnjī
코펜하겐	哥本哈根	Gēběnhāgēn
캔버라	堪培拉	Kānpéilā
웰링턴	惠灵顿	Huìlíngdùn
밀라노	米兰	Mǐlán
아테네	雅典	Yǎdiǎn

21. 세계도시-3

03 星期三 从悉尼来了一个朋友
Cóng Xīní láile yí gè péngyou
시드니에서 친구가 왔다

멕시코 시티	墨西哥城	Mòxīgēchéng
피렌체	佛罗伦萨	Fóluólúnsà
뮌헨	慕尼黑	Mùníhēi
비엔나	维也纳	Wéiyěnà
프라하	布拉格	Bùlāgé
바그다드	巴格达	Bāgédá
하노이	河内	Hénèi
호치민	胡志明市	Húzhìmíngshì
양곤	仰光	Yǎngguāng
평양	平壤	Píngrǎng
시드니	悉尼	Xīní
멜버른	墨尔本	Mò'ěrběn
오클랜드	奥克兰	Àokèlán
카이로	开罗	Kāiluó
나이로비	内罗毕	Nèiluóbì
이스탄불	伊斯坦布尔	Yīsītǎnbù'ěr

22. 5대양 6대주

09 星期一

到亚洲三国出差
Dào Yàzhōu sān guó chūchāi

아시아 3개국 출장 가기

5대양

대서양	大西洋 Dàxīyáng
태평양	太平洋 Tàipíngyáng
인도양	印度洋 Yìndùyáng
남빙양	南冰洋 Nánbīngyáng
북극해	北冰洋 Běibīngyáng

6대주

아시아	亚洲 Yàzhōu
유럽	欧洲 Ōuzhōu
아프리카	非洲 Fēizhōu
오세아니아	大洋洲 Dàyángzhōu
북아메리카	北美洲 Běiměizhōu
남아메리카	南美洲 Nánměizhōu

TIP 중국은 바다에서는 남빙양이 빠지고, 대륙에서는 남극주(**南极州**)가 추가되어 4대양 7대주로 부른다.

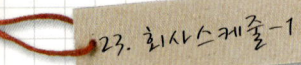

18 星期四 完成项目 프로젝트 완성하기
Wánchéng xiàngmù

면접	面试 miànshì
회의	会议 huìyì
사업기밀	公司机密 gōngsī jīmì
프로젝트	项目 xiàngmù
오전 근무하다	(上)早班 (shàng) zǎobān
오후 근무하다	(上)晚班 (shàng) wǎnbān
야간근무	夜班 yèbān
초과근무	加班 jiābān
~에게 서류를 제출하다	向~提交 xiàng~tíjiāo
외근	外勤 wàiqín
인사이동	人事调整 rénshì tiáozhěng
출장가다	出差 chūchāi
~로 출장가다	到~出差 dào~chūchāi
건강진단	体检 tǐjiǎn
재고조사	盘点 pándiǎn
	清仓 qīngcāng

24. 회사스케줄-2

23 星期五 — 下班后，酒座 (퇴근하고 술자리 참석)
Xiàbān hòu, jiǔzuò

주주총회	股东大会	gǔdōng dàhuì
프레젠테이션	演示	yǎnshì
	发表	fābiǎo
승진	晋升	jìnshēng
	升职	shēngzhí
급여일	发薪日	fāxīnrì
유급휴가	带薪假	dàixīnjià
휴일	休息日	xiūxīrì
출산휴가	产假	chǎnjià
육아휴가	育儿假	yù'érjià
병가	病假	bìngjià
신년회	新年会	xīnniánhuì
송년회	送旧晚会	sòngjiùwǎnhuì
술자리	酒座	jiǔzuò
아르바이트	打工	dǎgōng
	临时工	línshígōng

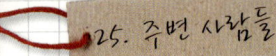
25. 주변 사람들

21 星期天
跟同事吃了晚饭 회사 동료랑 저녁식사
Gēn tóngshì chīle wǎnfàn

친구	朋友 péngyou
친한 벗	知己 zhījǐ
지인	亲朋好友 qīnpénghǎoyǒu
이웃	邻居 línjū
동급생	同学 tóngxué
같은 반 친구	同班同学 tóngbān tóngxué
여자선배	学姐 xuéjiě
여자후배	学妹 xuémèi
남자선배	学哥 xuégē
남자후배	学弟 xuédì
상사	上司 shàngsī
부하	部下 bùxià
직장 동료	同事 tóngshì
남자친구	男朋友 nánpéngyou
여자친구	女朋友 nǚpéngyou
결혼 대상	对象 duìxiàng

26. ~에게 연락하기

24 星期三 — 给李教授发电子邮件
Gěi Lǐ jiàoshòu fā diànzǐ yóujiàn
이 교수님께 이메일 보내기

~에게 전화 하다	给~打电话	gěi~dǎ diànhuà
~에게 이메일 쓰다	给~写电子邮件	gěi~xiě diànzǐ yóujiàn
	给~写电邮	gěi~xiě diànyóu
~에게 문자를 보내다	给~发短信	gěi~fā duǎnxìn
~에게 우편을 보내다	给~寄~	gěi~jì~
~에게 팩스를 보내다	给~发传真	gěi~fā chuánzhēn
~에게 편지를 보내다	给~写信	gěi~xiěxìn
~에게 카드를 보내다	给~寄卡片	gěi~jì kǎpiàn
~에게 전보를 보내다	给~发电报	gěi~fā diànbào
~와 채팅하다	跟~聊天	gēn~liáotiān
	跟~网聊	gēn~wǎngliáo
~와 화상채팅을 하다	跟~视频聊天	gēn~shìpín liáotiān

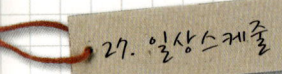

08 星期一 | 预订飞机票 비행기표 예약하기
Yùdìng fēijīpiào

~을 만나다	见~ jiàn~
	跟~见面 gēn~jiànmiàn
~에게 ~를 알려주다	告诉~ gàosu~
~에게 ~을 물어보다	问~ wèn~
~을 확인하다	确认~ quèrèn~
~을 예매하다	预订~ yùdìng~
	顶~ dǐng~
~을 취소하다	取消~ qǔxiāo~
~을 연기하다	推迟~ tuīchí~
~을 준비하다	准备~ zhǔnbèi~
~을 수리하다	修理~ xiūlǐ~
(물건)~을 주문하다	订购~ dìnggòu~
(음식)~을 주문하다	点~ diǎn~

23 星期二 给网络公司打电话 인터넷 회사에 전화하기
Gěi wǎngluò gōngsī dǎ diànhuà

견적을 내다	报价~ bàojià~
주소변경	变更地址 biàngèng dìzhǐ
전학수속	转学手续 zhuǎnxué shǒuxù
전력회사	电力公司 diànlì gōngsī
가스회사	煤气公司 méiqì gōngsī
상수도회사	自来水公司 zìláishuǐ gōngsī
인테리어 회사	装潢公司 zhuānghuáng gōngsī
집주인	房东 fángdōng
부동산회사	房地产公司 fángdìchǎn gōngsī
보험회사	保险公司 bǎoxiǎn gōngsī
전화회사	电信公司 diànxìn gōngsī
인터넷회사	网络公司 wǎngluò gōngsī
	互联网公司 hùliánwǎng gōngsī
TV 케이블 회사	有线电视公司 yǒuxiàn diànshì gōngsī
이삿짐센터에 전화하다	给搬家公司打电话 gěi bānjiā gōngsī dǎ diànhuà
청소업체에 전화하다	给清洁公司打电话 gěi qīngjié gōngsī dǎ diànhuà

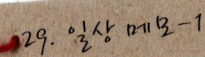

30 星期六 — 买衣服 옷 사기
Mǎi yīfu

~을 사다	(购)买~	(gòu)mǎi~
~을 팔다	卖~	mài~
	销售~	xiāoshòu~
	出售~	chūshòu~
~을 지불하다	支付~	zhīfù~
돈을 대출하다	贷款	dàikuǎn
돈을 갚다	还钱	huánqián
돈을 빌리다	借钱	jièqián
~을 빌리다	借~	jiè~
~에게 ~를 주다	给+사람+물건	gěi+사람+물건
~을 건네주다	递给~	dìgěi~
~을 돌려주다	还给~	huán gěi~
~을 받다	接(受)~	jiē(shòu)~
~을 받아오다	接到~	jiēdào~
~을 복사하다	复印~	fùyìn~

30. 일상메모-2

22 星期五

参加晚会 저녁 모임 참석하기
Cānjiā wǎnhuì

신청하다	申请~ shēnqǐng~
~에 참가하다	参加~ cānjiā~
~을 돕다	帮助~ bāngzhù~
~을 집에 바래다 주다	把~送回家 bǎ~sòng huíjiā
~에 들르다	顺便去~ shùnbiàn qù~
~을 배웅하다	把+사람+送到+장소 bǎ+사람+sòngdào+장소
~을 읽다	读~ dú~
~을 쓰다	写~ xiě~
~을 그리다	画~ huà~
(음식/물건)~을 만들다	做~ zuò~
~을 경매에 내놓다	拍卖~ pāimài~
~을 계획하다	计划~ jìhuà~
	打算做~ dǎsuan zuò~
짐을 싸다	收拾行李 shōushi xíngli
짐을 풀다	打开行李 dǎkāi xíngli
~시에 집을 나서다	~点出门 ~diǎn chūmén

31. 세일

25 星期四

乐天百货夏季大甩卖
Lètiān bǎihuò xiàjì dàshuǎimài

롯데 백화점 여름 세일

세일	打折 dǎzhé
창고 대바겐세일	清仓大甩卖 qīngcāng dàshuǎimài
한정 세일	限量发售 xiànliàng fāshòu
중고 세일	二手货出售 èrshǒuhuò chūshòu
폭탄 세일	大甩卖 dàshuǎimài
여름 세일	夏季大甩卖 xiàjì dàshuǎimài
헐값 처리품	处理品 chǔlǐpǐn
특가 상품	特价品 tèjiàpǐn
백화점	百货商店 bǎihuò shāngdiàn
아울렛	折扣店 zhékòudiàn
면세점	免税店 miǎnshuìdiàn
반품	退货 tuìhuò
환불	退钱 tuìqián

32. 유명 의류브랜드

26
星期五

买了香奈儿口红 — 샤넬 립스틱을 샀다
Mǎile Xiāngnài'ér kǒuhóng

샤넬	香奈儿	Xiāngnài'ér
루이비통	路易威登	Lùyìwēidēng
카르티에	卡地亚	Kǎdìyà
아르마니	阿玛尼	Āmǎní
디올	迪奥	Dí'ào
YSL	圣罗兰	Shèngluólán
겔랑	娇兰	Jiāolán
구찌	古奇	Gǔqí
아디다스	阿迪达斯	Ādídásī
나이키	耐克	Nàikè
리바이스	李维斯	Lǐwéisī
아베크롬비	阿伯克龙比和惠誉	Ābókèlóngbǐ hé huìyù
유니클로	优衣库	Yōuyīkù
프라다	普拉大	Pǔlādá
에르메스	爱马仕	Àimǎshì
미우미우	缪缪	Miùmiù

33. 유명 화장품 브랜드

07
星期六

欧莱雅打折 로레알 세일
Ōuláiyǎ dǎzhé

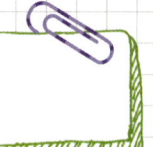

에스티 로더	雅诗兰黛 Yǎshīlándài
랑콤	兰蔻 Lánkòu
로레알	欧莱雅 Ōuláiyǎ
P & G	宝洁 Bǎojié
크리니크	倩碧 Qiànbì
시세이도	资生堂 Zīshēngtáng
라네즈	兰芝 Lánzhī
시슬리	希思黎 Xīsīlí
니베아	妮维雅 Nīwéiyǎ
비쉬	维希 Wéixī
에뛰드	爱丽小屋 Àilìxiǎowū
스킨푸드	肌肤美食 Jīfūměishí
미샤	谜尚 Míshàng
설화수	雪花秀 Xuěhuāxiù

34. 파티

20 星期天

妈妈的生日派对
Māma de shēngrì pàiduì
엄마 생신 파티

신년회	新年会	xīnniánhuì
송년회	送旧晚会	sòngjiù wǎnhuì
동창회	同班同学聚会	tóngbān tóngxué jùhuì
생일파티	生日聚会	shēngrì jùhuì
	生日派对	shēngrì pàiduì
환영회	欢迎宴会	huānyíng yànhuì
송별회	欢送宴会	huānsòng yànhuì
결혼식	结婚典礼	jiéhūn diǎnlǐ
결혼 피로연	婚宴	hūnyàn
크리스마스 파티	圣诞节聚会	Shèngdànjié jùhuì
할로윈 파티	万圣节聚会	Wànshèngjié jùhuì
집들이	温居	wēnjū
디너파티	晚宴	wǎnyàn
댄스파티	舞会	wǔhuì

35. 예약-1

| | **12**
星期一 | **烫睫毛** 속눈썹 파마하기
Tàng jiémáo |

미용실	美容院　měiróngyuàn
	美发店　měifàdiàn
	理发店　lǐfàdiàn
네일숍	美甲店　měijiǎdiàn
마사지숍	按摩店　ànmódiàn
얼굴 마사지숍	面部按摩专门店　miànbù ànmó zhuānméndiàn
속눈썹 파마	烫睫毛　tàng jiémáo
아로마테라피	芳香疗法　fāngxiāng liáofǎ
레스토랑	餐馆　cānguǎn
	餐厅　cāntīng
호텔	酒店　jiǔdiàn
	饭店　fàndiàn
노래방	练歌房　liàngēfáng
	K-TV　K-TV
개인 트레이닝	个人培训　gèrén péixùn
재활치료	物理疗法　wùlǐ liáofǎ

36. 예약-2

29 星期二

预约眼科 안과 예약하기
Yùyuē yǎnkē

한약방	中药房	zhōngyàofáng
	韩药房	hányàofáng
한의사	中医	zhōngyī
	韩医	hányī
접골	接骨	jiēgǔ
치과	牙科	yákē
안과	眼科	yǎnkē
카운셀링	心理咨询	xīnlǐ zīxún
	顾问服务	gùwèn fúwù

37. 취미 생활

01 星期一 — 少女时代演唱会在6点
Shàonǚshídài yǎnchànghuì zài liù diǎn
소녀시대 콘서트가 6시에 있다

한국어	중국어	병음
모임	聚会	jùhuì
여행	旅游	lǚyóu
쇼핑	购物	gòuwù
아이쇼핑	逛街	guàngjiē
영화	电影	diànyǐng
강연회	演讲会	yǎnjiǎnghuì
콘서트	演唱会	yǎnchànghuì
까페	咖啡厅	kāfēitīng
데이트	约会	yuēhuì
맞선	相亲	xiāngqīn
결혼식	结婚典礼	jiéhūn diǎnlǐ
볼링	保龄球	bǎolíngqiú
자전거 타기	(骑)自行车	(qí) zìxíngchē
노래방	歌厅	gētīng
드라이브	开车去兜风	kāichē qù dōufēng
마작	(打)麻将	(dǎ) májiāng

38. 배우기

21 星期天 去补习班学英语
Qù bǔxíbān xué Yīngyǔ

학원 가서 영어 공부하기

영어	英语 Yīngyǔ
중국어	汉语 Hànyǔ
학원	培训班 péixùnbān
요리학원	烹饪培训班 pēngrèn péixùnbān
피아노를 (치다)	(弹)钢琴 (tán) gāngqín
바이올린을 (켜다)	(拉)小提琴 (lā) xiǎotíqín
기타를 (치다)	(弹)吉他 (tán) jítā
드럼을 (치다)	(打)鼓 (dǎ) gǔ
재즈댄스	爵士舞 juéshìwǔ
사교댄스	交谊舞 jiāoyìwǔ
합창단	合唱团 héchàngtuán
골프	高尔夫 gāo'ěrfū
테니스	网球 wǎngqiú
수영	游泳 yóuyǒng
요가	瑜伽 yújiā
서예	书法 shūfǎ

39. 건물-1

08 星期一 去图书馆还书 도서관 가서 책 반납하기
Qù túshūguǎn huánshū

유치원	幼儿园 yòu'éryuán
초등학교	小学 xiǎoxué
중학교	初中 chūzhōng
고등학교	高中 gāozhōng
단과대학	学院 xuéyuàn
대학	大学 dàxué
도서관	图书馆 túshūguǎn
병원	医院 yīyuàn
동물병원	动物医院 dòngwù yīyuàn
지하철역	地铁站 dìtiězhàn
은행	银行 yínháng
우체국	邮局 yóujú
경찰서	警察局 jǐngchájú
소방서	消防站 xiāofángzhàn
공장	工厂 gōngchǎng
진료소	诊所 zhěnsuǒ

40. 건물-2

21 星期天

去教堂做礼拜
Qù jiàotáng zuò lǐbài

교회 가서 예배보기

노인 요양소	养老院	yǎnglǎoyuàn
	敬老院	jìnglǎoyuàn
고아원	孤儿院	gū'éryuàn
정부청사	政府大楼	zhèngfǔ dàlóu
기차역	火车站	huǒchēzhàn
절	寺庙	sìmiào
성당	圣堂	shèngtáng
교회	教堂	jiàotáng
	教会	jiàohuì

17 星期三 去照相馆照片
Qù zhàoxiàngguǎn zhàopiàn

사진관 가서 사진 찍기

백화점	百货商店 bǎihuò shāngdiàn
슈퍼마켓	超市 chāoshì
약국	药房 yàofáng
서점	书店 shūdiàn
신발가게	鞋店 xiédiàn
꽃집	花店 huādiàn
식당/레스토랑	餐厅 cāntīng
사진관	照相馆 zhàoxiàngguǎn
액세서리 가게	首饰店 shǒushìdiàn
빵집	面包店 miànbāodiàn
세탁소	洗衣店 xǐyīdiàn
전자상가	电器商店 diànqì shāngdiàn
까페	咖啡厅 kāfēitīng
편의점	便利店 biànlìdiàn
여행사	旅行社 lǚxíngshè
자동차 판매 대리점	汽车销售处 qìchē xiāoshòuchù

42. 회사

23 星期一	**在贸易公司打工** 무역회사에서 아르바이트하기 Zài màoyì gōngsī dǎgōng

신문사	报社 bàoshè
출판사	出版公司 chūbǎn gōngsī
광고회사	广告公司 guǎnggào gōngsī
무역회사	贸易公司 màoyì gōngsī
증권회사	证券公司 zhèngquàn gōngsī
보험회사	保险公司 bǎoxiǎn gōngsī
건축회사	建筑公司 jiànzhù gōngsī
제약회사	制药公司 zhìyào gōngsī
항공회사	航空公司 hángkōng gōngsī
운송회사	运输公司 yùnshū gōngsī
디자인사무소	设计室 shèjìshì
부동산사무소	房地产中介所 fángdìchǎn zhōngjièsuǒ
현지법인	当地法人 dāngdì fǎrén
체인점	连锁店 liánsuǒdiàn
가맹점	加盟店 jiāméngdiàn
인쇄소	印刷厂 yìnshuāchǎng

43. 교과목-1

03 星期一 **准备汉语考试** 중국어 시험 준비하기
Zhǔnbèi Hànyǔ kǎoshì

국어	语文	yǔwén
영어	英语	Yīngyǔ
영어회화	英文会话	Yīngwén huìhuà
중국어	汉语	Hànyǔ
수학	数学	shùxué
과학	科学	kēxué
물리	物理	wùlǐ
생물	生物	shēngwù
화학	化学	huàxué
사회	社会	shèhuì
정치	政治	zhèngzhì
경제	经济	jīngjì
음악	音乐	yīnyuè
체육	体育	tǐyù
미술	美术	měishù
한문	汉文	Hànwén

44. 교과목-2

21 星期三

有古典文学课 고전 문학 수업이 있다
Yǒu gǔdiǎn wénxuékè

지리	地理 dìlǐ
역사	历史 lìshǐ
도덕	道德 dàodé
윤리	伦理 lúnlǐ
고전 문학	古典文学 gǔdiǎn wénxué
한국어	韩语 Hányǔ
영미문학	英美文学 YīngMěi wénxué
정보기술	信息技术 xìnxī jìshù

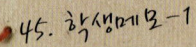

29 星期一 参加运动会 운동회에 참석하기
Cānjiā yùndònghuì

동아리	社团 shètuán
시합	比赛 bǐsài
연습시합	练习赛 liànxísài
결승	决赛 juésài
준결승	半决赛 bànjuésài
운동회	运动会 yùndònghuì
학교축제	学校节庆 xuéxiào jiéqìng
현장견학	现场实习 xiànchǎng shíxí
소풍	兜风 dōufēng
봄소풍	春游 chūnyóu
수학여행	实习旅游 shíxí lǚyóu
진로설명회	就职说明会 jiùzhí shuōmínghuì
입학식	入学典礼 rùxué diǎnlǐ
개학식	开学典礼 kāixué diǎnlǐ
졸업식	毕业典礼 bìyè diǎnlǐ
경연대회	竞赛会 jìngsàihuì

46. 학생메모-2

19 星期二　考试期间 시험기간
Kǎoshì qījiān

봄방학	春假　chūnjià
여름방학	暑假　shǔjià
겨울방학	寒假　hánjià
시험기간	考试期间　kǎoshì qījiān
청소당번	卫生值日　wèishēng zhírì
숙제를 하다	做作业　zuò zuòyè
숙제를 제출하다	交作业　jiāo zuòyè
시험공부를 하다	准备考试　zhǔnbèi kǎoshì
~에게 노트를 빌리다	向~借笔记本　xiàng~jiè bǐjìběn
~에게 노트를 빌려주다	借给~笔记本　jiè gěi~bǐjìběn
보강	补课　bǔkè
(벌로)방과후에 남게 하기	(罚)放学留下来　(fá) fàngxué liú xiàlái
대학입시	入大学考试　rù dàxué kǎoshì
	高考　gāokǎo
휴일	放假天　fàngjiàtiān
학교 급식	学校午餐　xuéxiào wǔcān

47. 시험

04 星期六 | 托业模拟考试报名
Tuōyè mónǐ kǎoshì bàomíng
모의 토익시험 신청하기

중간고사	期中考试 qīzhōng kǎoshì
기말고사	期末考试 qīmò kǎoshì
대학입학시험	入大学考试 rù dàxué kǎoshì
	高考 gāokǎo
모의고사	模拟考试 mónǐ kǎoshì
면접	面试 miànshì
입사시험	公司入职考试 gōngsī rùzhí kǎoshì
깜짝 쪽지 시험	抽考 chōukǎo
추가시험	补考 bǔkǎo
쪽지시험	小考 xiǎokǎo
	小测验 xiǎocèyàn
구술시험	口试 kǒushì
듣기평가	听力考试 tīnglì kǎoshì
토플	托福 tuōfú
토익	托业 tuōyè

48. 꽃

15 星期三 送老师一束康乃馨
Sòng lǎoshī yí shù kāngnǎixīn

선생님께 카네이션 보내기

장미	玫瑰 méiguī
카네이션	康乃馨 kāngnǎixīn
해바라기	向日葵 xiàngrìkuí
튤립	郁金香 yùjīnxiāng
백합	百合 bǎihé
은방울꽃	五月花 wǔyuèhuā
등나무	藤树 téngshù
모란	牡丹 mǔdān
동백나무	山茶树 shāncháshù
자스민	茉莉花 mòlìhuā
안개꽃	小香花菜 xiǎoxiānghuācài
진달래	杜鹃花 dùjuānhuā
벚꽃	樱花 yīnghuā
목련	木兰 mùlán
라일락	紫丁香 zǐdīngxiāng
수국	绣球花 xiùqiúhuā

49. 채소-1

11 星期天 做了拔丝地瓜 고구마 맛탕을 했다
Zuòle básīdìguā

무	萝卜 luóbo
당근	胡萝卜 húluóbo
시금치	菠菜 bōcài
감자	土豆 tǔdòu
고구마 맛탕	拔丝地瓜 básīdìguā
양배추	卷心菜 juànxīncài
배추	白菜 báicài
상추	生菜 shēngcài
양파	洋葱 yángcōng
파	大葱 dàcōng
오이	黄瓜 huángguā
토마토	西红柿 xīhóngshì
버섯	蘑菇 mógǔ
가지	茄子 qiézi
콩나물	豆芽 dòuyá
피망	青椒 qīngjiāo

50. 채소-2

20 星期六 | 种玉米 옥수수 심기
Zhòng yùmǐ

우엉	牛蒡 niúpáng
연근	藕 ǒu
파슬리	欧芹 ōuqín
샐러리	芹菜 qíncài
순무	芜菁 wújīng
	白萝卜 báiluóbo
옥수수	玉米 yùmǐ
호박	南瓜 nánguā
토란	芋头 yùtóu
고수	香菜 xiāngcài
시금치	菠菜 bōcài
방울토마토	樱桃小番茄 yīngtáo xiǎofānqié

51. 과일

04 星期一 **买草莓吃了** 딸기를 사서 먹었다
Mǎi cǎoméi chīle

배	梨	lí
감	柿子	shìzi
귤	橘子	júzi
복숭아	桃子	táozi
사과	苹果	píngguǒ
포도	葡萄	pútáo
딸기	草莓	cǎoméi
수박	西瓜	xīguā
참외	香瓜	xiāngguā
멜론	甜瓜	tiánguā
포도	葡萄	pútáo
키위	猕猴桃	míhóutáo
여지(리쯔)	荔枝	lìzhī
망고	芒果	mángguǒ
두리안	榴莲果	liúliánguǒ
바나나	香蕉	xiāngjiāo

52. 견과류

23 星期天

别忘了吃胡桃
호도 먹는거 까먹지 말기
Bié wàngle chī hútáo

한국어	중국어	병음
땅콩	花生	huāshēng
호도	胡桃	hútáo
잣	松子	sōngzǐ
아몬드	杏仁	xìngrén
피스타치오	开心果	kāixīnguǒ
마카다미아	澳洲胡桃	àozhōuhútáo
해바라기씨	葵花子	kuíhuāzǐ
헤이즐넛	榛子	zhēnzi
캐슈넛	腰果	yāoguǒ
피칸	山胡桃	shānhútáo

53. 디저트

16 星期二 买了丹麦芝士
Mǎile Dānmài zhīshì
덴마크 치즈를 샀다

우유	牛奶 niúnǎi
요구르트	酸奶 suānnǎi
휘핑크림	鲜奶油 xiānnǎiyóu
치즈	芝士 zhīshì
	奶酪 nǎilào
크림치즈	奶油芝士 nǎiyóu zhīshì
치즈가루	芝士粉 zhīshifěn
젤리	果冻 guǒdòng
푸딩	布丁 bùdīng
아이스크림	冰淇淋 bīngqílín
타르트	蛋塔 dàntǎ
케이크	蛋糕 dàngāo
와플	格子松饼 gézǐsōngbǐng
크레페	可丽饼 kělìbǐng
팬케이크	煎饼 jiānbǐng
	薄烤饼 bákǎobǐng

54. 육류

25 星期天 **吃了五花肉** 삼겹살을 먹었다
Chīle wǔhuāròu

소시지	香肠 xiāngcháng
돼지고기	猪肉 zhūròu
소고기	牛肉 niúròu
닭고기	鸡肉 jīròu
계란	鸡蛋 jīdàn
오리알	鸭蛋 yādàn
햄	火腿 huǒtuǐ
베이컨	培根 péigēn
다진 돼지고기	猪肉泥 zhūròuní
다진 소고기	牛肉泥 niúròuní
돼지고기 육포	猪肉干 zhūròugān
삼겹살	五花肉 wǔhuāròu
갈비	排骨 páigǔ
등심	外里脊肉 wàilǐ jīròu
안심	内里脊肉 nèilǐ jīròu
돼지고기 프로스	猪肉松 zhūròusōng

55. 해산물

30 星期六 我做的三文鱼沙拉真棒!
Wǒ zuò de sānwényú shālā zhēn bàng!
내가 만든 연어 샐러드는 최고였다!

한국어	중국어	병음
갈치	刀鱼	dāoyú
고등어	青花鱼	qīnghuāyú
조기	黄鱼	huángyú
굴비	咸黄鱼干	xiánhuángyúgān
연어	三文鱼	sānwényú
참치	金枪鱼	jīnqiāngyú
장어	鳗鱼	mányú
가자미	蝶鱼	diéyú
오징어	鱿鱼	yóuyú
문어	章鱼	zhāngyú
해초	海藻	hǎizǎo
김	紫菜	zǐcài
미역	海菜	hǎicài
다시마	海带	hǎidài
굴	海蛎子	hǎilìzi
조개	贝壳	bèiké

56. 식료품

28 星期五

要买方便面 컵라면 사기
Yào mǎi fāngbiànmiàn

쌀	大米　dàmǐ
밀가루	面粉　miànfěn
컵라면	方便面　fāngbiànmiàn
춘권	春卷　chūnjuǎn
만두피	饺子皮儿　jiǎozipír
과일 통조림	水果罐头　shuǐguǒ guàntou
피클	酸黄瓜　suānhuángguā
과자	饼干　bǐnggān
쿠키	小酥饼　xiǎosūbǐng
칩	片　piàn

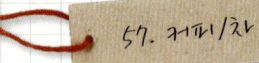
57. 커피/차

02 星期四 星巴克牛奶咖啡 스타벅스 까페라떼
Xīngbākè niúnǎi kāfēi

콜라	可乐 kělè
사이다	雪碧 xuěbì
주스	果汁 guǒzhī
커피	咖啡 kāfēi
아메리카노	美式咖啡 měishì kāfēi
카페라떼	牛奶咖啡 niúnǎi kāfēi
	拿铁咖啡 nátiě kāfēi
카푸치노	卡布奇诺 kǎbùjīnuò
카라멜마끼아또	焦糖玛琪朵 jiāotáng mǎqíduǒ
모카커피	摩卡咖啡 mókǎ kāfēi
에스프레소	浓缩咖啡 nóngsuō kāfēi
블루마운틴	蓝山咖啡 lánshān kāfēi
홍차	红茶 hóngchá
녹차	绿茶 lǜchá
우롱차	乌龙茶 wūlóngchá
보이차	普洱茶 pǔ'ěrchá

58. 양념

23 星期天 | **少吃盐** 소금 적게 먹기
Shǎo chī yán

설탕	糖 táng
소금	盐 yán
후추	胡椒 hújiāo
고춧가루	辣椒粉 làjiāofěn
다진 마늘	蒜茸 suànróng
굴 소스	蚝油 háoyóu
머스터드 소스	芥末酱 jièmòjiàng
사우전드아일랜드 소스	千岛汁 qiāndǎozhī
고추냉이	辣根 làgēn
깨	芝麻 zhīmá
식초	醋 cù
된장	大酱 dàjiàng
간장	酱油 jiàngyóu
진간장	酱油膏 jiàngyóugāo
마요네즈	蛋黄酱 dànhuángjiàng
식용유	食用油 shíyòngyóu

31 星期一 沾草莓酱吃 딸기쨈에 발라 먹기
Zhān cǎoméijiàng chī

파이	派 pài
빵	面包 miànbāo
토스트	吐司 tǔsī
프렌치 토스트	法式吐司 fǎshì tǔsī
샌드위치	三明治 sānmíngzhì
햄버거	汉堡包 hànbǎobāo
케이크	蛋糕 dàngāo
핫도그	热狗 règǒu
피자	比萨饼 bǐsàbǐng
롤빵	面包卷 miànbāojuǎn
크림빵	奶油面包 nǎiyóu miànbāo
호밀빵	裸麦面包 luǒmài miànbāo
마늘빵	大蒜面包 dàsuàn miànbāo
팥고물	红豆沙 hóngdòushā
딸기잼	草莓酱 cǎoméijiàng
땅콩쨈	花生酱 huāshēngjiàng

60. 빵-2

11 星期二 学了做苹果派的方法
Xuéle zuò píngguǒpài de fāngfǎ
애플파이 만드는 법을 배웠다

베이글	百吉饼 bǎijíbǐng
크로아상	牛角包 niújiǎobāo
쉬폰 케이크	戚风蛋糕 qīfēng dàngāo
스폰지 케이크	海绵蛋糕 hǎimián dàngāo
애플파이	苹果派 píngguǒpài
버터	奶油 nǎiyóu
마가린	黄油 huángyóu

61. 중국요리

第一次吃过北京烤鸭
27 星期三
Dì yī cì chīguo Běijīng kǎoyā
처음으로 북경오리구이를 먹어봤다

한국어	중국어	병음
찐빵	馒头	mántou
만두	饺子	jiǎozi
군만두	煎饺	jiānjiǎo
물만두	水饺	shuǐjiǎo
왕만두	包子	bāozi
소롱포	小笼包	xiǎolóngbāo
꽃빵	花卷	huājuǎn
탕수육	古老肉	gǔlǎoròu
팔보채	八宝菜	bābǎocài
깐풍기	干烹鸡	gānpēngjī
동파육	东坡肉	dōngpōròu
짜장면	炸酱面	zhájiàngmiàn
볶음밥	炒饭	chǎofàn
소고기탕면	牛肉面	niúròumiàn
징장로우스	京酱肉丝	jīngjiàngròusī
베이징덕	北京烤鸭	Běijīng kǎoyā

62. 한국요리

19 星期六
这么热的天，吃冷面正合适
Zhème rè de tiān, chī lěngmiàn zhèng héshì

이렇게 더운 날에는 냉면을 먹어야 딱이지

한국어	중국어	병음
불고기	烤肉	kǎoròu
갈비탕	排骨汤	páigǔtāng
삼계탕	参鸡汤	cānjītāng
잡채	杂烩菜	záhuìcài
떡볶이	辣年糕	làniángāo
김밥	紫菜包饭	zǐcài bāofàn
냉면	冷面	lěngmiàn
비빔밥	拌饭	bànfàn
김치부침개	煎泡菜	jiānpàocài
라면	拉面	lāmiàn
	方便面	fāngbiànmiàn
칼국수	刀削面	dāoxiāomiàn
	刀切面	dāoqiēmiàn
우동	乌冬面	wūdōngmiàn
반찬	小菜	xiǎocài

63. 외국요리

31 星期一 姐姐做的意大利面好吃级了
Jiějie zuò de yìdàlìmiàn hǎochī jí le
언니가 만든 파스타는 최고로 맛있다

옥수수수프	玉米汤 yùmǐtāng
베트남 쌀국수	越南面 yuènánmiàn
멕시코 화지타	墨西哥法吉塔 mòxīgē fǎjítǎ
칠리크랩	辣椒鳌蟹 làjiāo áoxiè
피자	比萨饼 bǐsàbǐng
씨저 샐러드	凯撒沙拉 kǎisā shālā
케이준 치킨샐러드	卡真鸡沙拉 kǎzhēnjī shālā
프렌치프라이	炸薯条 zháshǔtiáo
스테이크	牛排 niúpái
돈까스	炸猪(肉)排 zházhū(ròu)pái
파스타	意大利面(条) yìdàlìmiàn(tiáo)
봉골레 스파게티	蛤蜊意大利面 hálí yìdàlìmiàn
블로네즈 스파게티	意大利肉酱面 yìdàlì ròujiàngmiàn
크림 스파게티	奶油意大利面 nǎiyóu yìdàlìmiàn
까르보나라	培根蛋酱意大利面 péigēn dànjiàng yìdàlìmiàn
똥얌꿍	泰国酸辣汤 tàiguó suānlàtāng

64. 일용품

21 星期五

买洗发液 샴푸 사기
Mǎi xǐfàyè

면봉	棉棒	miánbàng
손톱깎이	指甲刀	zhǐjiǎdāo
칫솔	牙刷	yáshuā
치약	牙膏	yágāo
티슈	纸巾	zhǐjīn
화장지	卫生纸	wèishēngzhǐ
부엌용 세제	洗碗液	xǐwǎnyè
수세미	洗碗刷子	xǐwǎnshuāzi
고무장갑	橡皮手套	xiàngpí shǒutào
세탁세제	洗衣粉	xǐyīfěn
섬유 유연제	柔软剂	róuruǎnjì
표백제	漂白剂	piǎobáijì
비누	香皂	xiāngzào
샴푸	洗发液	xǐfàyè
린스	护发素	hùfāsù
헤어트리트먼트	头发滋养霜	tóufa zīyǎngshuāng

65. 주방용품-1

30 星期五 买了新的咖啡壶 새 커피메이커를 샀다
Mǎile xīn de kāfēihú

도마	菜板 càibǎn
식칼	菜刀 càidāo
국자	汤匙 tāngchí
	勺子 sháozi
(주방용) 뒤집개	锅铲 guōchǎn
냄비	锅 guō
프라이팬	煎锅 jiānguō
전자레인지	微波炉 wēibōlú
토스토기	烤面包机 kǎomiànbāojī
주전자	水壶 shuǐhú
커피메이커	咖啡壶 kāfēihú
믹서	搅拌器 jiǎobànqì
전기밥솥	电饭锅 diànfànguō
행주	擦盘巾 cāpánjīn
냅킨	餐巾纸 cānjīnzhǐ
컵받침	茶碟 chádié

66. 주방용품-2

13 星期一
发现了想买的葡萄酒杯
Fāxiànle xiǎng mǎi de pútáojiǔbēi
사고 싶었던 포도주잔을 발견했다

한국어	중국어	병음
숟가락	勺	sháozi
젓가락	筷子	kuàizi
나이프	餐刀	cāndāo
버터 나이프	黄油刀	huángyóudāo
포크	叉子	chāzi
접시	碟子	diézi
국그릇	汤碗	tāngwǎn
밥그릇	饭碗	fànwǎn
유리잔	玻璃杯	bōlíbēi
커피잔	咖啡杯	kāfēibēi
머그잔	陶瓷杯	táocíbēi
커플잔	情侣杯	qínglǔbēi
텀블러	随行杯	suíxíngbēi
보온병	暖瓶	nuǎnpíng
와인잔	葡萄酒杯	pútáojiǔbēi
샴페인잔	香槟酒杯	xiāngbīnjiǔbēi

67. 주방용품-3

07 星期六 买调味汁碟 소스그릇 사기
Mǎi tiáowèizhīdié

원두 분쇄기	咖啡磨 kāfēimó
캔따개	开罐头刀 kāiguàntoudāo
그물 국자	网子勺子 wǎngzi sháozi
거품기	搅拌器 jiǎobànqì
체, 소쿠리	筛浆机 shāijiāngjī
강판	锉屑器 cuòxièqì
물동이	水罐 shuǐguàn
소스 그릇	调味汁碟 tiáowèizhīdié
중화요리용 프라이팬	炒菜锅 chǎocàiguō
주걱	小铲 xiǎochǎn
와인오프너	开酒器 kāijiǔqì

68. 전자제품

08 星期天 购买平板电脑 평면 TV 사기
Gòumǎi píngbǎn diànnǎo

한국어	중국어	병음
텔레비전	电视	diànshì
라디오	收音机	shōuyīnjī
컴퓨터	电脑	diànnǎo
노트북	笔记本电脑	bǐjìběn diànnǎo
태블릿 PC	平板电脑	píngbǎn diànnǎo
세탁기	洗衣机	xǐyījī
냉장고	冰箱	bīngxiāng
드라이어	吹风机	chuīfēngjī
전화기	电话	diànhuà
휴대전화	手机	shǒujī
스마트폰	智能手机	zhìnéngshǒujī
에어컨	空调	kōngtiáo
선풍기	电风扇	diànfēngshàn
카메라	照相机	zhàoxiàngjī
디지털 카메라	数码相机	shùmǎxiàngjī
가습기	加湿机	jiāshījī

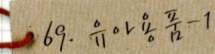
69. 유아용품-1

09 星期五 做了断乳食 이유식을 만들었다
Zuòle duànrǔshí

분유	奶粉 nǎifěn
젖병	奶瓶 nǎipíng
노리개 젖꼭지	奶嘴 nǎizuǐ
이유식	断乳食 duànrǔshí
턱받이	围嘴儿 wéizuǐr
기저귀	尿布 niàobù
물수건	湿巾 shījīn
베이비 파우더	爽身粉 shuǎngshēnfěn
베이비 오일	婴儿润肤油 yīng'ér rùnfūyóu
베이비 비누	婴儿香皂 yīng'ér xiāngzào
유모차	手推车 shǒutuīchē
딸랑이	摇铃 yáolíng
요람	摇篮 yáolán
아기용 욕조	婴儿浴盆 yīng'ér yùpén
아기용 휴대침대	便携式婴儿床 biànxiéshì yīng'érchuáng
어린이용 식사의자	高脚椅 gāojiǎoyǐ

70. 유아용품-2

05 星期天

宝宝推学步车 아기가 보행기를 민다
Bǎobǎo tuī xuébùchē

한국어	중국어	병음
목욕타올	大浴巾	dàyùjīn
모기장	蚊帐	wénzhàng
보행기	学步车	xuébùchē
온도계	温度计	wēndùjì
전자체온계	电子体温计	diànzǐ tǐwēnjì
레고블록	乐高积木	lègāo jīmù
돌잔치	周岁生日	zhōusuì shēngrì
돌잡이	周岁抓周	zhōusuì zhuāzhōu
신생아용 침대	摇篮	yáolán
자동차 어린이용 시트	儿童座椅	értóng zuòyǐ

71. 화장품-1

17 星期一

B.B霜用完了 비비크림을 다 썼다
B.B shuāng yòngwán le

한국어	중국어	병음
스킨로션	润肤液	rùnfūyè
모이스처라이저	润肤霜	rùnfūshuāng
보습크림	保湿霜	bǎoshīshuāng
주름방지 로션	防皱乳液	fángzhòu rǔyè
에센스	精华素	jīnghuásù
파운데이션	粉底霜	fěndǐshuāng
립스틱	口红	kǒuhóng
립글로스	唇彩	chúncǎi
아이섀도우	眼影	yǎnyǐng
BB크림	B.B霜	B.B shuāng
	裸妆霜	luǒzhuāngshuāng
선크림	防晒霜	fángshàishuāng
바디로션	身体乳	shēntǐrǔ
마스카라	睫毛膏	jiémáogāo
아이라이너	眼线笔	yǎnxiànbǐ
눈썹펜슬	眉笔	méibǐ

72. 화장품-2

27 星期天

清理角质 각질 제거하기
Qīnglǐ jiǎozhì

클렌징 크림	清洁霜 qīngjiéshuāng
스크럽 제품	磨砂式 móshāshì
	去角质 qù jiǎozhì
기름종이	吸油面纸 xīyóu miànzhǐ
모공 커버 크림	毛孔隐形霜 máokǒng yǐnxíngshuāng
향수	香水 xiāngshuǐ
데오도란트 스프레이	止汗喷雾 zhǐhàn pēnwù
블랙헤드	黑鼻头 hēibítou
각질정리	清理角质 qīnglǐ jiǎozhì
애프터 쉐이브 로션	剃须后整容水 tìxūhòu zhěngróngshuǐ
립밤	护唇膏 hùchúngāo
블러셔	腮红 sāihóng
리퀴드 파운데이션	粉底液 fěndǐyè

73. 의류

05 星期三 退还连衣裙 원피스 환불하기
Tuìhuán liányīqún

한국어	중국어	병음
티셔츠	T恤衫	Txùshān
와이셔츠	衬衫	chènshān
블라우스	女衬衫	nǚchènshān
스웨터	毛衣	máoyī
원피스	连衣裙	liányīqún
쟈켓	夹克	jiákè
코트	外套	wàitào
치마	裙子	qúnzi
바지	裤子	kùzi
청바지	牛仔裤	niúzǎikù
반바지	短裤	duǎnkù
정장	套装	tàozhuāng
속옷	内衣	nèiyī
양말	袜子	wàzi
스타킹	丝袜	sīwà
넥타이	领带	lǐngdài

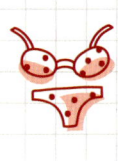

74. 액세서리

24 星期二

丢了一个耳环
Diūle yí gè ěrhuán

귀걸이 한 짝을 잃어버렸다

한국어	중국어	병음
목걸이	项链	xiàngliàn
반지	戒指	jièzhi
팔찌	手环	shǒuhuán
귀걸이	耳环	ěrhuán
브로치	胸针	xiōngzhēn
손목시계	手表	shǒubiǎo
머리띠	发带	fàdài
머리핀	发夹	fàjiā
벨트	腰带	yāodài
목도리	围巾	wéijīn
스카프	头巾	tóujīn
모자	帽子	màozi
핸드백	手提包	shǒutíbāo
신발	鞋子	xiézi
하이힐	高跟鞋	gāogēnxié
샌들	凉鞋	liángxié

 75. 문구

19 星期一 **自动铅笔坏了** 샤프가 고장났다
Zìdòng qiānbǐ huài le

연필	铅笔	qiānbǐ
색연필	彩色笔	cǎisèbǐ
샤프	自动铅笔	zìdòng qiānbǐ
공책	笔记本	bǐjìběn
볼펜	圆珠笔	yuánzhūbǐ
지우개	橡皮	xiàngpí
스테플러	订书机	dìngshūjī
풀	浆糊	jiànghu
테이프	透明胶带	tòumíng jiāodài
수정액	修正液	xiūzhèngyè
가위	剪子	jiǎnzi
클립	纸夹	zhǐjiā
자	直尺	zhíchǐ
포스트잇	记事贴	jìshìtiē
메모장	记事簿	jìshìbù
편지봉투	信封	xìnfēng

76. 악기

22 星期六 钢琴辅导 피아노 과외하기
Gāngqín fǔdǎo

한국어	중국어	병음
탬버린	铃鼓	línggǔ
피아노	钢琴	gāngqín
오르간	风琴	fēngqín
전자오르간	电子琴	diànzǐqín
플루트	长笛	chángdí
바이올린	小提琴	xiǎotíqín
첼로	大提琴	dàtíqín
실로폰	木琴	mùqín
하프	竖琴	shùqín
기타	吉他	jítā
오카리나	奥卡利那笛	àokǎlìnàdí
트럼펫	小号	xiǎohào
트럼본	长号	chánghào
색소폰	萨克斯管	sàkèsīguǎn
아코디언	手风琴	shǒufēngqín
신시사이저	电子合成器	diànzǐ héchéngqì

77. 교통수단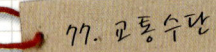

06 星期一 火车票预定 기차표 예매하기
Huǒchēpiào yùdìng

자동차	汽车 qìchē
오픈카	活顶乘用车 huódǐng chéngyòngchē
화물차량	厢式货车 xiāngshìhuòchē
트럭	卡车 kǎchē
택시	出租车 chūzūchē
버스	公共汽车 gōnggòngqìchē
기차	火车 huǒchē
오토바이	摩托车 mótuōchē
스쿠터	电动脚踏车 diàndòng jiǎotàchē
자전거	自行车 zìxíngchē
비행기	飞机 fēijī
헬리콥터	直升机 zhíshēngjī
경찰차	警车 jǐngchē
배	船 chuán
요트	帆船 fānchuán
삼륜차	三轮车 sānlúnchē

78. 곤충

23 星期天 | 讨厌蚊子 모기가 정말 싫다
Tǎoyàn wénzi

모기	蚊子	wénzi
파리	苍蝇	cāngying
개미	蚂蚁	mǎyǐ
잠자리	蜻蜓	qīngtíng
메뚜기	蚱蜢	zhàměng
사마귀	螳螂	tángláng
귀뚜라미	蟋蟀	xīshuài
무당벌레	瓢虫	piáochóng
반딧불	萤火虫	yínghuǒchóng
매미	蝉	chán
나비	蝴蝶	húdié
나방	蛾	é
벌	蜂	fēng
지렁이	蚯	qiū
거미	蜘蛛	zhīzhū
바퀴벌레	蟑螂	zhāngláng

79. 동물-1

12 星期五

想养猫 고양이 기르고 싶다
Xiǎng yǎng māo

개	狗 gǒu
고양이	猫 māo
원숭이	猴子 hóuzi
코끼리	大象 dàxiàng
호랑이	老虎 lǎohǔ
사자	狮子 shīzi
소	牛 niú
돼지	猪 zhū
말	马 mǎ
사슴	鹿 lù
기린	长颈鹿 chángjǐnglù
곰	熊 xióng
판다	熊猫 xióngmāo
양	羊 yáng
염소	山羊 shānyáng
늑대	狼 láng

21 星期三 观赏海豚表演 돌고래쇼 보기
Guānshǎng hǎitún biǎoyǎn

얼룩말	斑马 bānmǎ
북극곰	北极熊 běijíxióng
낙타	骆驼 luòtuó
당나귀	驴 lǘ
두더지	鼹鼠 yǎnshǔ
여우	狐狸 húli
코뿔소	犀牛 xīniú
캥거루	袋鼠 dàishǔ
코알라	树袋熊 shùdàixióng
다람쥐	松鼠 sōngshǔ
표범	豹 bào
토끼	兔子 tùzi
햄스터	仓鼠 cāngshǔ
돌고래	海豚 hǎitún
고래	鲸鱼 jīngyú
박쥐	蝙蝠 biānfú

81. 조류

29 星期三 买来了一只鹦鹉
Mǎiláile yì zhī yīngwǔ

앵무새 한 마리를 사왔다

닭	鸡 jī
꿩	雉 zhì
까치	喜鹊 xǐquè
까마귀	乌鸦 wūyā
앵무새	鹦鹉 yīngwǔ
잉꼬	鸳鸯 yuānyāng
구관조	鹩哥 liáogē
참새	麻雀 máquè
제비	燕子 yànzi
박쥐	蝙蝠 biānfú
올빼미	猫头鹰 māotóuyīng
갈매기	海鸥 hǎi'ōu
오리	鸭子 yāzi
공작	孔雀 kǒngquè
물총새	翠鸟 cuìniǎo
비둘기	鸽子 gēzi

82. 방안 물건

간단 메모
한 줄 일기
좋은 말 좋은 글
나만의 프로필

> **27**
> 星期天
>
> 沙发比价网 소파 가격비교 사이트
> Shāfā bǐjiàwǎng

책상	书桌	shūzhuō
테이블	桌子	zhuōzi
의자	椅子	yǐzi
장식품	装饰品	zhuāngshìpǐn
침대	床	chuáng
베개	枕头	zhěntou
거울	镜子	jìngzi
책장	书柜	shūguì
소파	沙发	shāfā
벽걸이시계	挂钟	guàzhōng
꽃병	花瓶	huāpíng
사진	照片	zhàopiàn
액자	相框	xiàngkuàng
그림	画	huà
커튼	窗帘	chuānglián
램프	灯	dēng

83. 색깔

10 星期四 | 买红色钱包 붉은색 지갑 사기
Mǎi hóngsè qiánbāo

한국어	중국어	병음
빨간색	红色	hóngsè
분홍색	粉红色	fěnhóngsè
파란색	蓝色	lánsè
하늘색	天蓝色	tiānlánsè
초록색	绿色	lǜsè
미색, 크림색	米色	mǐsè
보라색	紫色	zǐsè
주황색	橘黄色	júhuángsè
노란색	黄色	huángsè
갈색	棕色	zōngsè
회색	灰色	huīsè
금색	金色	jīnsè
은색	银色	yínsè
하얀색	白色	báisè
검정색	黑色	hēisè
에메랄드색	碧绿	bìlǜ

84. 무늬

31 星期五
想要的花纹连衣裙太贵
Xiǎng yào de huāwén liányīqún tài guì
사고 싶은 꽃무늬 원피스가 너무 비싸

꽃무늬	花纹 huāwén
세로줄무늬	竖条纹 shùtiáowén
	纵纹 zòngwén
가로줄무늬	横条纹 héngtiáowén
	横纹 héngwén
물방울무늬	圆点花纹 yuándiǎnhuāwén
동물패턴	动物图案 dòngwù tú'àn
표범무늬	豹纹 bàowén
페이즐리무늬	涡纹图案 wōwén tú'àn
아가일무늬	菱形 língxíng
기하학모양	几何菱形纹 jǐhé língxíngwén
체크	格子图形 gézi túxíng
하트	红心 hóngxīn
	红桃 hóngtáo
별	星星 xīngxing

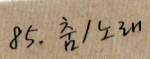
85. 춤/노래

01
星期一

七点半的芭蕾课
Qī diǎn bàn de bālěikè

7시 반에 발레 수업

발레	芭蕾 bālěi
차차차	恰恰恰 qiàqiàqià
쌈바	桑巴 sāngbā
웨이브	电流舞 diànliúwǔ
라틴댄스	拉丁舞 lādīngwǔ
밸리댄스	肚皮舞 dùpíwǔ
탱고	探戈 tàngē
왈츠	华尔兹 huá'ěrzī
재즈	爵士 juéshì
비보이	街舞 jiēwǔ
힙합	嘻哈 xīhā
댄스배틀	斗舞 dòuwǔ
비트박스	节奏口技 jiézòu kǒujì
R&B	节奏布鲁斯 jiézòu bùlǔsī
랩	说唱 shuōchàng
발라드	情歌 qínggē

86. 공주들

21
星期一

音乐剧《白雪公主》
Yīnyuèjù《báixuě gōngzhǔ》
뮤지컬 <<백설공주>>

백설공주	白雪公主 báixuě gōngzhǔ
신데렐라	灰姑娘 huīgūniang
에리얼(인어공주)	美人鱼 měirényú
벨(미녀와 야수)	贝儿 bèir
오로라공주 (잠자는 숲속의 미녀)	爱洛公主 àiluò gōngzhǔ
자스민	茉莉公主 mòlì gōngzhǔ
티아나공주(공주와 개구리)	蒂亚娜公主 dìyànà gōngzhǔ
바비	芭比 bābǐ
라푼젤	长发公主 chángfà gōngzhǔ
피오나공주(슈렉)	菲奥娜公主 fēi'àonà gōngzhǔ

87. 장소 전치사

01 星期六 韩国银行在三星大厦对面
Hánguó yínháng zài Sānxīng dàshà duìmiàn
한국은행은 삼성빌딩 맞은편에 있다

~에서	在~ zài~
~안에서	在~里 zài~lǐ
	里边 lǐbiān
	里面 lǐmiàn
~밖에서	在~外 zài~wài
	外边 wàibian
	外面 wàimiàn
~앞에서	在~前 zài~qián
	前边 qiánbian
	前面 qiánmiàn
~근처	在~附近 zài~fùjìn
~옆에서	旁边 pángbiān
~맞은편에서	在~对面 zài~duìmiàn
A와 B 사이에서	在A和B之间 zài A hé B zhījiān

88. 시간 전치사

22 星期三 从两点到四点有汉语课
Cóng liǎng diǎn dào sì diǎn yǒu Hànyǔkè
2시부터 4시까지 중국어 수업이 있다

~시에	在~点	zài~diǎn
~시경	大概在~点	dàgài zài~diǎn
~보다 전에	在~点之前	zài~diǎn zhīqián
~이후에	在~点之后	zài~diǎn zhīhòu
~부터 ~까지	从~点到~点	cóng~diǎn dào~diǎn
~까지는	直到~点	zhídào~diǎn
~까지	到~点	dào~diǎn
~와 ~사이에	~点和~点之间	~diǎn hé~diǎn zhījiān

딱 한 줄만 써보자!

여기에서는 다이어리에 써 넣을
"한 줄"에 필요한 표현을 소개합니다.
특별한 일이 없는 날은
그날 있었던 일을 간단하게
써 두는 것도 한 방법입니다.
또, 어떤 예정일 옆에 그 감상을
적어도 좋습니다.
다이어리의 빈 공간을
"한 줄"로 채워보세요.

PART 1 단어만 골라 넣으면 돼!

1. 내가 간 장소

去了(qùle)+ ☐ 에 갔다

고향	回老家了 huí lǎojiā le
지영의 집	志英的家 Zhìyīng de jiā
영화관	电影院 diànyǐngyuàn
노래방	K-TV K-TV
	练歌房 liàngēfáng
헬스클럽	健身房 jiànshēnfáng
까페	咖啡厅 kāfēitīng
	咖啡屋 kāfēiwū
생일파티	生日派对 shēngrì pàiduì
	生日聚会 shēngrì jùhuì
우체국	邮局 yóujú
은행	银行 yínháng

이렇게 쓸 수도 있어요

* 태희랑 도서관에 갔다.
  跟泰熙去了图书馆。
  Gēn Tàixī qùle túshūguǎn.

* 학교 앞 빵집에 갔다.
  去了学校前面的面包店。
  Qùle xuéxiào qiánmiàn de miànbāodiàn.

* 영어 학원에 가는 길에 편의점에 들렀다.
  去英语培训班的时候，顺便去了便利店。
  Qù Yīngyǔ péixùnbān de shíhòu, shùnbiàn qùle biànlìdiàn.

2. 여가 활동

去(qù) + [　　] 하러 가다

쇼핑을 하다	购物	gòuwù
아이쇼핑을 하다	逛街	guàngjiē
시장에 가다	市场	shìchǎng
조깅을 하다	跑步	pǎobù
자전거를 타다	骑自行车	qí zìxíngchē
스키를 타다	滑雪	huáxuě
스케이트를 타다	滑冰	huábīng
수영을 하다	游泳	yóuyǒng
캠핑을 하다	野营	yěyíng
낚시를 하다	钓鱼	diàoyú
볼링을 치다	打保龄球	dǎ bǎolíngqiú
피크닉을 하다	郊游	jiāoyóu

이렇게 쓸 수도 있어요

* 신촌에 티셔츠를 사러 갔다.
  去新村买了T恤衫。
  Qù Xīncūn mǎile T xùshān.

* 한강 공원에 배드민턴을 치러 갔다.
  去汉江公园，打了羽毛球。
  Qù Hàn Jiāng gōngyuán, dǎle yǔmáoqiú.

* 1년 만에 탁구를 치러 갔다.
  隔1年才去打乒乓球了。
  Gé yì nián cái qù dǎ pīngpāngqiú le.

PART 1 단어만 골라 넣으면 돼!

3. 산 것

买了(mǎile)+ ☐ 을 샀다

청바지	牛仔裤 niúzǎikù
핸드백	手提包 shǒutíbāo
디지털카메라	数码相机 shùmǎ xiàngjī
스마트폰	智能手机 zhìnéng shǒujī
빵	面包 miànbāo
생일선물	生日礼物 shēngrì lǐwù
1월호 패션잡지	1月号时尚杂志 yī yuè hào shíshàng zázhì
테니스 라켓	网球拍 wǎngqiúpāi
저금통	储蓄罐 chǔxùguàn
새 구두	新鞋子 xīn xiézi
중고 로렉스	二手劳力士 èrshǒu Láolìshì
소녀시대의 새 앨범	少女时代的新专辑 Shàonǚshídài de xīnzhuānjí

이렇게 쓸 수도 있어요

* 문구점에서 색종이를 샀다.
在文具店买了彩纸。
Zài wénjùdiàn mǎile cǎizhǐ.

* 슈퍼마켓에서 요거트를 샀다.
在超市买了酸奶。
Zài chāoshì mǎile suānnǎi.

* 백화점에서 할아버지 생신 선물을 샀다.
在百货商店买了爷爷的生日礼物。
Zài bǎihuò shāngdiàn mǎile yéye de shēngrì lǐwù.

4. 우연히 만난 사람

碰上了(pèngshàngle)+ ☐ 을 우연히 만나다

사촌 여동생	表妹	biǎomèi
큰아버지	伯父	bófù
초등학교 때 담임 선생님	小学时的班主任	xiǎoxué shí de bānzhǔrèn
회사 동료	同事	tóngshì
같은 반 친구	同班同学	tóngbān tóngxué
옆집 사람	邻居	línjū
수영의 남편	秀英的丈夫	Xiùyīng de zhàngfu
자주 가는 까페 점원	我常去的咖啡店的服务员	Wǒ chángqù de kāfēidiàn de fúwùyuán
영어 스터디 그룹원	英语学习小组的组员	Yīngyǔ xuéxí xiǎozǔ de zǔyuán

*영화관에서 전남친을 우연히 만났다.
在电影院碰上了前男友。
Zài diànyǐngyuàn pèngshàngle qiánnányǒu.

*도서관에서 양교수님을 우연히 만났다.
在图书馆碰上了梁教授。
Zài túshūguǎn pèngshangle Liáng jiàoshòu.

*귀가 하던 중 엄마를 우연히 만났다.
在回家的路上碰上了妈妈。
Zài huíjiā de lùshang pèngshangle māma.

PART 1 단어만 골라 넣으면 돼!

5. 준 것

我送(给)(wǒ sòng (gěi)) + 사람 + 물건　　☐에게 ☐을 주다
我送(wǒ sòng) + 물건 + 给(gěi) + 사람　　☐에게 ☐을 주다

사람

엄마	妈妈 māma
명희	明希 Míngxī
옆집 아줌마	隔壁的阿姨 gébì de āyí
노숙자	无家可归者 wújiā kěguīzhě
친구 몇 명	几名朋友 jǐ míng péngyou
외할머니	外婆 wàipó

물건

초콜릿	巧克力 qiǎokèlì
진공청소기	吸尘器 xīchénqì
마사지 의자	按摩椅 ànmóyǐ
잔돈	零钱 língqián
직접 만든 빵	亲手烤的面包 qīnshǒu kǎo de miànbāo
모피 코트	毛皮大衣 máopí dàyī

이렇게 쓸 수도 있어요

* 선생님께 무엇을 드리는게 가장 좋을까요?
我送给老师什么最合适?
Wǒ sòng gěi lǎoshī shénme zuì héshì?

* 결혼선물로 누나에게 진주 반지를 줬다.
作为结婚礼物，我送给姐姐珍珠戒指。
Zuòwéi jiéhūn lǐwù, wǒ sòng gěi jiějie zhēnzhū jièzhǐ.

* 민수에게 생일선물로 넥타이를 줬다.
作为生日礼物，我送给民秀领带。
Zuòwéi shēngrì lǐwù, wǒ sòng gěi Mínxiù lǐngdài.

6. 내가 받은 것

사람+给我了(gěi wǒ le)+**물건** ☐에게 ☐을 받다

사람

정하	定河	Dìnghé
남자친구	男朋友	nánpéngyou
여자친구	女朋友	nǚpéngyou
선생님	老师	lǎoshī
학생의 아버지	学生的父亲	xuésheng de fùqīn
상하이에 있는 이모	在上海的姨妈	zài Shànghǎi de yímā

물건

콘서트 티켓	演唱会票	yǎnchànghuì piào
새로 출시된 립스틱	新上市的口红	xīn shàngshì de kǒuhóng
흑백 줄무늬 손수건	黑白条纹手帕	hēibái tiáowén shǒupà
일본에서 사온 책	在日本买的书	zài Rìběn mǎi de shū
런던에서 사온 밀크티	在伦敦买的奶茶	zài Lúndūn mǎi de nǎichá
직접 기른 당근	亲手种的胡萝卜	qīnshǒu zhòng de húluóbo

이렇게 쓸 수도 있어요!

* 아빠에게 용돈을 받았다.
  爸爸给我了零用钱。
  Bàba gěi wǒ le língyòngqián.

* 친구에게 꽃다발을 받았다.
  朋友给我了花束。
  Péngyou gěi wǒ le huāshù.

* 정하에게 파리에서 사온 초콜릿을 받았다.
  定河给我了在巴黎买的巧克力。
  Dìnghé gěi wǒ le zài Bālí mǎi de qiǎokèlì.

PART 1

단어만 골라 넣으면 돼!

7. 먹은 것

吃了(chīle) + ▭ ▭을 먹었다

한국음식/한식	韩国菜	Hánguócài
중국음식/중식	中国菜	Zhōngguócài
일본음식/일식	日本菜	Rìběncài
양식	西餐	xīcān
불고기	烤肉	kǎoròu
김밥	紫菜包饭	zǐcài bāofàn
탕수육	糖醋里脊	tángcùlǐjǐ
회	生鱼片	shēngyúpiàn
초밥	寿司	shòusī
피자	比萨饼	bǐsàbǐng
케이크	蛋糕	dàngāo
스파게티	意大利面	yìdàlìmiàn

이렇게 쓸 수도 있어!

*어제 귤 5개를 먹었다.
昨天，吃了5个橘子。
Zuótiān, chīle wǔ ge júzi.

*압구정에서 친구와 치즈를 먹었다.
在狎鸥亭，跟朋友吃了奶酪。
Zài Xiá'ōutíng, gēn péngyou chīle nǎilào.

*파리에서 아내와 디저트를 먹었다.
在巴黎，跟爱人吃了点心。
Zài Bālí, gēn àirén chīle diǎnxīn.

8. 마신 것

喝了(hēle) + ▢ 을 마셨다

녹차	绿茶 lǜchá
보리차	大麦茶 dàmàichá
맥주	啤酒 píjiǔ
와인	葡萄酒 pútáojiǔ
보이차	普洱茶 pǔ'ěrchá
홍차	红茶 hóngchá
밀크티	奶茶 nǎichá
버블티	珍珠奶茶 zhēnzhū nǎichá
된장국	大酱汤 dàjiàngtāng
갈비탕	排骨汤 páigǔtāng

이렇게 쓸 수도 있어요

* 영화관에서 콜라 2잔을 마셨다.
  在电影院喝了2杯可乐。
  Zài diànyǐngyuàn hēle liǎng bēi kělè.
* 외할머니댁에서 국화차를 마셨다.
  在外婆家喝了菊花茶。
  Zài wàipójiā hēle júhuāchá.
* 쇼핑몰에서 딸기맛 버블티를 마셨다.
  在购物中心喝了草莓味珍珠奶茶。
  Zài gòuwù zhōngxīn hēle cǎoméiwèi zhēnzhū nǎichá.

PART 1 단어만 골라 넣으면 돼!

9. 만드는 것

做了(zuòle) + ▢ 을 만들었다

새장	鸟笼	niǎolóng
사진 앨범	相册	xiàngcè
파인애플 잼	菠萝果酱	bōluó guǒjiàng
장갑	手套	shǒutào
강아지 옷	小狗衣服	xiǎogǒu yīfu
내 홈페이지	我的网站	wǒ de wǎngzhàn
생일 카드	生日卡片	shēngrì kǎpiàn
아버지 도시락	爸爸的饭盒	bàba de fànhé
아이스크림	冰淇淋	bīngqílín

이렇게 쓸 수도 있어요

* 구슬로 귀걸이를 만들었다.
  用珠子做了耳环。
  Yòng zhūzi zuòle ěrhuán.
* 요리사이트를 보고 냉면을 만들었다.
  看烹饪网站做了冷面。
  Kàn pēngrèn wǎngzhàn zuòle lěngmiàn.
* 곰인형을 만들어서 조카에게 주었다.
  做了熊娃娃之后, 送给了侄子。
  Zuòle xióngwáwa zhīhòu, sònggěile zhízi.

10. 잊어버린 것

忘了(wàngle) +  하는걸 잊었다

큰어머니께 전화하다	打电话给伯母 dǎ diànhuà gěi bómǔ
사장님께 팩스를 보내다	给老板发传真 gěi lǎobǎn fā chuánzhēn
카메라를 수리하다	维修照相机 wéixiū zhàoxiàngjī
숙제 하다	做作业 zuò zuòyè
휴대전화 충전하는 것	给手机充电 gěi shǒujī chōngdiàn
미니 홈피에 사진 올리다	在迷你主页上传照片 zài mínǐ zhǔyè shàngchuán zhàopiàn
영진에게 책을 빌리다	向英真借书 xiàng Yīngzhēn jièshū
비타민 약을 먹다	吃维他命 chī wéitāmìng
TV를 끄다	关电视 guān diànshì
세탁소에서 가다	去洗衣店 qù xǐyīdiàn

이렇게 쓸 수도 있어요

* 치과에 가서 스케일링하는 것을 잊었다.
  忘了去牙科洗牙。
  Wàngle qù yákē xǐyá.
* 식당을 예약하는 것을 잊었다.
  忘了预约餐厅。
  Wàngle yùyuē cāntīng.
* 가스밸브 잠그는 것을 잊었다.
  忘了关煤气。
  Wàngle guān méiqì.

PART 1

11. 할일

一定要(yídìng yào) + ☐ 해야만 한다

중국어 단어 10개 외우기	背10个汉语单词 bèi shí gè Hànyǔ dāncí
이틀에 한번 운동하기	隔两天做一次运动 gé liǎngtiān zuò yí cì yùndòng
건강검진하기	做体检 zuò tǐjiǎn
우유 마시기	喝杯牛奶 hē bēi niúnǎi
비타민 먹기	吃维他命 chī wéitāmìng
2kg 감량하기	减两公斤 jiǎn liǎng gōngjīn
저금하기	存钱 cúnqián
여권을 갱신하다	更新护照 gēngxīn hùzhào
자동차 전조등을 교체하다	换车前灯 huànchē qiándēng
컴퓨터를 수리하다	维修电脑 wéixiū diànnǎo
커피 메이커를 구입하다	买咖啡机 mǎi kāfēijī
버스카드를 충전하다	允公交卡 chong gongjiāokǎ

이렇게 쓸 수도 있어요

* 8월 9일 전까지 반드시 여권을 갱신해야 한다.
  8月9号之前，一定要更新护照。
  Bā yuè jiǔ hào zhīqián, yídìng yào gēngxīn hùzhào.

* 내일 이 바지를 입으려면, 반드시 세탁해야 한다.
  如果明天想要穿这条裤子，一定得洗。
  Rúguǒ míngtiān xiǎng yào chuān zhè tiáo kùzi, yídìng děi xǐ.

* 추석이 곧 다가오므로, 반드시 정선생님께 카드를 보내야 한다.
  马上要中秋节了，一定要给郑老师送卡片。
  Mǎshàng zhōngqiūjié le, yídìng yào gěi Zhèng lǎoshī sòng kǎpiàn.

12. 잃어버린 것

丢了(diūle) + ☐ 을 잃어버리다

지갑	钱包 qiánbāo
김선생님의 명함	金老师的名片 Jīn lǎoshī de míngpiàn
나사	螺钉 luódīng
어제 산 컵	昨天买的杯子 zuótiān mǎi de bēizi
하늘색 겉표지 공책	天蓝色封面的笔记本 tiānlánsè fēngmiàn de bǐjìběn
신용카드	信用卡 xìnyòngkǎ
리모컨	遥控器 yáokòngqì
손톱 깎기	指甲刀 zhǐjiǎdāo
플라스틱 숟가락	塑料勺子 sùliào sháozi
한쪽 귀걸이	1个耳环 yí gè ěrhuán
볼펜 뚜껑	圆珠笔笔帽 yuánzhūbǐ bǐmào

이렇게 쓸 수도 있겠지

* 콘서트장에서 카메라를 잃어버렸다.
  在演唱会上丢了相机。
  Zài yǎnchànghuì shàng diūle xiàngjī.
* 소파 근처에서 머리핀을 잃어버렸다.
  在沙发附近丢了发卡。
  Zài shāfā fùjìn diūle fàqiǎ.
* 공항에서 여권을 잃어버렸다.
  在飞机场丢了护照。
  Zài fēijīchǎng diūle hùzhào.

PART 1 단어만 골라 넣으면 돼!

13. 찾은 것

找到了 (zhǎodàole) + 을 찾았다

민호에게 빌린 파란 우산	向民浩借的蓝色雨伞	xiàng Mínhào jiè de lánsè yǔsǎn
이어폰	耳机	ěrjī
2만원	两万韩元	liǎng wàn Hányuán
	两万韩币	liǎng wàn Hánbì
버스카드	公交卡	gōngjiāokǎ
몽블랑 시계	万宝龙手表	Wànbǎolóng shǒubiǎo
휴대용 손전등	手电筒	shǒudiàntǒng
결혼 반지	结婚戒指	jiéhūn jièzhi
초등학교 졸업 기념 사진	小学毕业纪念照	xiǎoxué bìyè jìniànzhào
스타크래프트 게임 CD	《星际争霸》的碟子	《xīngjì zhēngbà》de diézi
핸드폰 충전기	手机充电器	shǒujī chōng diànqì
콘택트렌즈	隐形眼镜	yǐnxíng yǎnjìng

이렇게 쓸 수도 있어요

* PC방에서 잃어버린 버스카드를 찾았다.
  我找到了在网吧丢的公交卡。
  Wǒ zhǎodàole zài wǎngbā diū de gōngjiāokǎ.

* 일본어 회화학원에 놓고 온 전자사전을 찾았다.
  我找到了放在日语口语培训班的电子词典。
  Wǒ zhǎodàole fàng zài Rìyǔ kǒuyǔ péixùnbān de diànzǐ cídiǎn.

* 언니가 준 곰인형을 찾았다.
  我找到了姐姐送我的熊娃娃。
  Wǒ zhǎodàole jiějie sòng wǒ de xióngwáwa.

14. 하고 싶은 것

我想 (Wǒ xiǎng) + 하고 싶다

머리를 염색하다	染头发 rán tóufa
일을 그만 두다	辞去工作 cíqù gōngzuò
쌍꺼풀 수술을 하다	做双眼皮 zuò shuāngyǎnpí
만기가 된 채권을 팔다	卖掉到期的债券 màidiào dàoqī de zhàiquàn
하와이에 가다	去夏威夷 qù Xiàwēiyí
여자친구와 헤어지다	跟女朋友分手 gēn nǔpéngyou fēnshǒu
옷장을 옮기다	搬衣柜 bān yīguì
새 차를 구입하다	买新的轿车 mǎi xīn de jiàochē
광화문 부근으로 이사 가다	搬到光化门附近 bāndào Guānghuàmén fùjìn
금연하다	戒烟 jièyān
장학금을 타다	得到奖学金 dédào jiǎngxuéjīn
새 친구를 더 사귀다	交更多朋友 jiāo gèng duō péngyou
고양이를 기르다	养猫 yǎngmāo

*5년 후에는 내 집을 가지고 싶다.
5年后，我想要自己的房子。
Wǔ nián hòu, wǒ xiǎng yào zìjǐ de fángzi.

*지금 헤어 스타일이 싫어서 파마를 하고 싶다.
我不喜欢现在的发型，想烫头发。
Wǒ bù xǐhuan xiànzài de fàxíng, xiǎng tàng tóufa.

*1년에 책 12권을 보고 싶다.
我想1年读12本书。
Wǒ xiǎng yì nián dú shí'èr běn shū.

1. 수면/기상

일찍 잤다	睡得很早 shuì de hěn zǎo
늦게 잤다	睡得很晚 shuì de hěn wǎn
3시쯤 잤다	3点多钟睡觉了 sān diǎn duō zhōng shuìjiào le
밤을 샜다	熬夜了 áoyè le
	熬了夜 áole yè
평소보다 일찍 일어나다	比平时起得早 bǐ píngshí qǐ de zǎo
4시간 잤다	睡了4个小时 shuìle sì gè xiǎoshí
푹 자다	睡得好 shuì de hǎo
달콤하게 자다	睡得甜 shuì de tián
낮잠을 자다	睡午觉 shuì wǔjiào
늦잠을 자다	睡懒觉 shuì lǎnjiào
한숨도 못 잤다	一点都没睡 yì diǎn dōu méi shuì
엎치락 뒤치락 하다	翻来翻去 fānláifānqù
수업 중에 졸다	在上课打瞌睡 zài shàngkè dǎ kēshuì
하루 종일 하품하다	一整天打哈欠 yì zhěngtiān dǎ hāqian
수면부족이다	睡眠不足 shuìmián bùzú
나쁜 꿈을 꿨다	做了噩梦 zuòle èmèng
자면서 이를 갈다	磨牙 móyá
가위에 눌리다	梦魇 mèngyǎn
잠꼬대를 하다	说梦话 shuō mènghuà

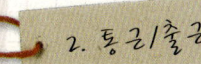

2. 통근/출근

7시 반 기차를 타다	坐7点半火车　zuò qī diǎn bàn huǒchē
버스를 놓치다	错过了公共汽车　cuòguole gōnggòng qìchē
	错过了公交车　cuòguole gōngjiāochē
	错过了巴士　cuòguole bāshì
지하철이 20분 늦게 왔다	地铁来晚了20分钟 dìtiě láiwǎnle èrshí fēnzhōng
자전거 바퀴가 펑크 났다	自行车轮胎漏气了 zìxíngchē lúntāi lòuqì le
지각했다	迟到了　chídào le
다행히 지각하지 않았다	幸亏没迟到　xìngkuī méi chídào
만원 전철은 싫다	不喜欢挤满了人的地铁 bù xǐhuan jǐmǎnle rén de dìtiě
차가 밀린다	堵车　dǔchē
딱 러시아워에 퇴근했다	正好在高峰时段下了班 zhènghǎo zài gāofēng shíduàn xiàle bān
하교 후 집에 가는 길에 떡볶이 가게에 갔다	放学回家的路上去了炒年糕店 fàngxué huíjiā de lùshang qùle chǎoniángāodiàn

PART 2

내가 쓰고 싶은 것만 쓰자!

3. 보고 듣고 읽은 것

텔레비전을 봤다	看了电视　kànle diànshì
DVD를 봤다	看了DVD　kànle DVD
영화를 봤다	看了电影　kànle diànyǐng
TV 연속극 방영 시간을 놓쳤다	错过了电视连续剧播放时间 cuòguole diànshì liánxùjù bōfàng shíjiān
텔레비전에서 《화양연화》를 봤다	在电视看了《花样年华》 zài diànshì kàn le《Huāyàngniánhuá》
오전 내내 라디오를 들었다	上午一直听了广播 shàngwǔ yìzhí tīngle guǎngbō
하루종일 가요를 들었다	听了一整天流行音乐 tīngle yì zhěngtiān liúxíng yīnyuè
베토벤 교향곡 5번을 들었다	听了贝多芬的第五交响乐 tīngle Bèiduōfēn de dì wǔ jiāoxiǎngyuè
오바마 대통령의 취임 연설을 텔레비전으로 보았다	通过电视看了奥巴马总统的就职演讲 tōngguò diànshì kànle Àobāmǎ zǒngtǒng de jiùzhí yǎnjiǎng
신문을 읽었다	读了报纸　dúle bàozhǐ
'삼국지'를 다시 읽었다	再读了《三国演义》zài dúle《Sānguóyǎnyì》
	重新读了《三国演义》 chóngxīn dúle《Sānguóyǎnyì》
인터넷 서핑을 했다	在网上冲浪　zài wǎngshàng chōnglàng
미용실에서 패션잡지 3권을 봤다	在美容院看了三部时尚杂志 zài měiróngyuàn kànle sān bù shíshàng zázhì

4. 집안일

집안 청소를 했다	打扫了	dǎsǎo le
진공 청소기로 청소를 했다	用吸尘器打扫	yòng xīchénqì dǎsǎo
바닥을 닦았다	擦了地板	cāle dìbǎn
커튼을 빨았다	洗了窗帘	xǐle chuānglián
빨래를 했다	洗了衣服	xǐle yīfu
세탁기로 빨래를 했다	用洗衣机洗了衣服	yòng xǐyījī xǐle yīfu
베란다에 이불을 말렸다	在阳台晒了被子	zài yángtái shàile bèizi
베개를 바꿨다	换了枕头	huànle zhěntou
욕조를 닦았다	擦了浴缸	cāle yùgāng
저녁을 만들었다	做了晚餐	zuòle wǎncān
도시락을 만들었다	做了盒饭	zuòle héfàn
	做了便当	zuòle biàndāng
설거지를 했다	洗了碗子	xǐle wǎnzi
	洗了碟子	xǐle diézi

5. 중국인의 취미

공원에서 장기를 두다	在公园下象棋 zài gōngyuán xià xiàngqí
공원에서 수다를 떨다	在公园聊天 zài gōngyuán liáotiān
광장에서 태극권을 하다	在广场练太极拳 zài guǎngchǎng liàn tàijíquán
광장에서 부채춤을 추다	在广场跳扇子舞 zài guǎngchǎng tiào shànziwǔ
학교 강당에서 춤을 추다	在礼堂跳舞 zài lǐtáng tiàowǔ
학생 센터에서 탁구를 치다	在学生活动中心打乒乓球 zài xuéshēng huódòng zhōngxīn dǎ pīngpāngqiú
경극을 보다	看京剧 kàn jīngjù
만담을 듣다	听相声 tīng xiàngsheng
새장을 들고 산책하다	遛鸟 liúniǎo
귀뚜라미 싸움을 시키다	蟋蟀 dòu xīshuài
서예를 배우다	学书法 xué shūfǎ
차도를 배우다	学茶道 xué chádào
얼후(현악기의 일종)를 켜다	拉二胡 lā èrhú
해바라기 씨를 먹다	吃瓜子 chī guāzǐ
이웃집에 놀러가다	串门 chuànmén

6. 컨디션

설사한다	拉肚子	lā dùzi
토한다	吐	tù
피곤하다	疲劳	píláo
	疲倦	píjuàn
지치다	累	lèi
우울하다	忧郁	yōuyù
	沮丧	jǔsàng
감기에 걸리다	得了感冒	déle gǎnmào
열이 나다	发烧	fāshāo
콧물이 나다	流鼻涕	liú bítì
재채기가 멈추지를 않는다	不停的打喷嚏	bù tíng de dǎ pēntì
목 부위가 아프다	脖子疼	bózi téng
목구멍이 아프다	嗓子疼	sǎngzi téng
변비가 있다	便秘	biànmì
생리통이다	痛经	tòngjīng
근육통이다	肌肉疼痛	jīròu téngtòng
눈이 따갑다	眼睛刺痛	yǎnjing cìtòng
배가 아프다	肚子疼	dùzi téng
머리가 아프다	头疼	tóuténg
숙취가 심하다	酒醉的很厉害	jiǔzuì de hěn lìhai

PART 2

7. 다이어트

요 근래 너무 많이 먹는다	最近吃得太多	zuìjìn chī de tài duō
허리에 군살이 생겼다	腰间长了坠肉	yāojiān zhǎng le zhuìròu
	腰部长了赘肉坠肉	yāobù zhǎng le zhuìròu
운동해야 한다	要运动	yào yùndòng
다이어트 해야 한다	要减肥	yào jiǎnféi
간을 약하게 해서 먹어야 한다	应该吃得淡一些	yīnggāi chī de dàn yìxiē
담배를 끊어야 한다	要戒烟	yào jièyān
몸무게 50kg	体重五十公斤	tǐzhòng wǔshí gōngjīn
앞으로 3kg 빼고 싶다	我想减三公斤	wǒ xiǎng jiǎn sān gōngjīn
요가를 시작했다	开始练瑜伽了	kāishǐ liàn yújiā le
헬스클럽에 갔다	去了健身房	qùle jiànshēnfáng
산책했다	散步	sànbù
	散了步	sànle bù
1시간 동안 수영했다	游了一个小时的泳	yóule yí gè xiǎoshí de yǒng
균형 잡힌 식사를 시작했다	开始平衡膳食	kāishǐ pínghéng shànshí
	开始荤素搭配	kāishǐ hūnsù dāpèi
너무 많이 먹으면 안돼!	不要暴食!	bú yào bàoshí!
	不要吃得过多!	bú yào chī de guòduō!
과음은 안돼!	不要暴饮!	bú yào bàoyǐn!
꼭꼭 씹어먹기!	要细嚼慢咽!	yào xì jiáo màn yàn!

8. 기쁜 일

수연이가 딸을 낳았다	秀莲生了女儿	Xiùlián shēngle nǚér
엄마가 퇴원했다	妈妈出院了	māma chūyuàn le
	母亲出院了	mǔqīn chūyuàn le
보너스를 받았다	得了奖金	déle jiǎngjīn
손녀가 놀러 왔다	孙女来玩儿了	sūnnǚ lái wánr le
치파오를 구입했다	买了旗袍	mǎile qípáo
남자친구가 생겼다	有男朋友了	yǒu nánpéngyou le
지영이가 약혼했다	志英订婚了	Zhìyīng dìnghūn le
	志英订了婚	Zhìyīng dìngle hūn
명지가 임신했다	明知怀孕了	Míngzhī huáiyùn le
공항에서 장쯔이를 봤다	在机场看到了章子怡	zài jīchǎng kàndàole Zhāng Zǐyí
넥타이를 칭찬 받았다	有人称赞了我的领带	yǒurén chēngzànle wǒ de lǐngdài
눈여겨보던 가방이 50% 세일이었다	我看中的包打了五折	wǒ kànzhōng de bāo dǎle wǔ zhé
운전면허시험에 합격했다	考上了驾照考试	kǎoshàngle jiàzhào kǎoshì
면접시험을 잘 봤다	面试考得好	miànshì kǎo de hǎo
오만 원짜리 복권에 당첨됐다	中了五万韩币彩票	zhòngle wǔ wàn Hánbì cǎipiào
장학금을 받았다	得(到)了奖学金	dé(dào)le jiǎngxuéjīn
따뜻한 날씨의 하루였다	很暖和的一天	hěn nuǎnhuo de yì tiān

PART 2

내가 쓰고 싶은 것만 쓰자!

9. 안타까운 일

다이어트에 실패했다	减肥失败 jiǎnféi shībài
4kg 쪘다	长了四公斤 zhǎngle sì gōngjīn
(살이 쪄서) 옷이 안 맞다	穿不进去衣服了 chuān bu jìnqu yīfu le
수진이 입원했다	水珍住院了 Shuǐzhēn zhùyuàn le
나미의 애완견이 죽었다	娜美的小狗死了 Nàměi de xiǎogǒu sǐ le
유리가 이혼했다	柳利离了婚 Liǔlì líle hūn
수미가 차였다	秀美被甩了 Xiùměi bèi shuǎi le
대학 입시에 실패했다	没考上大学 méi kǎoshàng dàxué
컴퓨터가 고장 났다	电脑坏了 diànnǎo huài le
맥주 가격이 올랐다	啤酒涨价了 píjiǔ zhǎngjià le
점원이 불친절했다	服务员很不热情 fúwùyuán hěn bú rèqíng
현주가 고맙다고 하지 않았다	贤珠没有道谢 Xiánzhū méi yǒu dàoxiè
정수가 사과하지 않았다	定秀没道歉 Dìngxiù méi dàoqiàn
속도위반 딱지를 뗐다	收到了超速罚款单 shōudàole chāosù fákuǎndān
졸업 시험에 불합격했다	没通过毕业考试 méi tōngguò bìyè kǎoshì
계약을 취소당했다	合同被取消了 hétóng bèi qǔxiāo le
해고 됐다	被解雇了 bèi jiěgù le
	被炒鱿鱼了 bèi chǎoyóuyú le
이번 달은 적자다	这个月是赤字 zhège yuè shì chìzì

10. 여가시간

신용카드를 도둑 맞았다	信用卡被偷走了	xìnyòngkǎ bèi tōuzǒule
집안일을 했다	做了家务	zuòle jiāwù
책상을 정리했다	整理了书桌	zhěnglǐle shūzhuō
서랍 안을 정리했다	整理了抽屉	zhěnglǐle chōutì
가구를 닦았다	擦了家具	cāle jiājù
친구에게 전화했다	给朋友打电话了	gěi péngyou dǎ diànhuà le
도서관에서 책을 빌렸다	在图书馆借了书	zài túshūguǎn jièle shū
집세를 냈다	交了房租	jiāole fángzū
안경을 고쳤다	修了眼镜	xiūle yǎnjìng
마카오에 여행 갔다	去澳门旅游了	qù Àomén lǚyóu le
세미나에 참석했다	参加了研讨会	cānjiāle yántǎohuì
박물관에 갔다	去了博物馆	qùle bówùguǎn
집에서 일 했다	在家干了活	zài jiā gànle huó
인터넷 채팅을 했다	网聊了	wǎngliáo le
퍼즐 맞추기를 했다	玩拼图了	wán pīntú le
딸 머리를 빗겨줬다	给女儿梳了头发	gěi nǚ'ér shūle tóufa
기타 연습을 했다	练了吉他	liàn le jítā
십자수를 놓았다	绣了十字绣	xiùle shízìxiù
	做了十字绣	zuòle shízìxiù
메니큐어를 발랐다	涂了指甲油	túle zhǐjiǎyóu

PART 3 내 기분을 쓰자!

1. 기쁨과 슬픔

좋다	好	hǎo
꽤 좋다	不错	búcuò
아주 좋다	很好	hěn hǎo
	非常好	fēicháng hǎo
만세!	万岁!	wànsuì!
끝내준다!	好棒!	hǎo bàng!
만족스럽다	很满意	hěn mǎnyì
운이 좋다	运气真好!	yùnqi zhēn hǎo!
행복하다	很幸福	hěn xìngfú
슬프다	悲哀	bēi'āi
	悲痛	bēitòng
	伤心	shāngxīn
우울하다	忧郁	yōuyù
울고 싶다	想哭	xiǎng ku
비극적이다	悲剧	bēijù
참기 힘들다	很难忍受	hěn nán rěnshòu
	很难忍着	hěn nán rěnzhe
실망했다	失望了	shīwàng le
아쉽다	可惜	kěxī
밤새 울었다	哭了一整夜	kūle yì zhěngyè

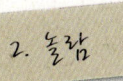

2. 놀람

깜짝이야	吓死人了 xiàsǐ rén le
정말 놀랐다	吓了一跳 xiàle yí tiào
	吃了一大惊 chīle yí dà jīng
세상에나!	天哪! tiān na!
거짓말인줄 알았다	我以为是假的 wǒ yǐwéi shì jiǎ de
거짓말이지?	假的吧? jiǎ de ba?
그럴리가 있나?	不会吧? bú huì ba?
정말이야?	真的吗? zhēn de ma?
	真的? zhēn de?
진실을 말해봐	给我说真话 gěi wǒ shuō zhēnhuà
세상에 그럴 리가!	胡说八道! hú shuō bā dào!
정말 깜짝 놀랐다	真的吓了一大跳 zhēn de xiàle yí dà tiào
말이 안 나올 정도로 깜짝 놀랐다	吓得说不出话来 xià de shuō bu chū huà lái
너무 놀라 정신이 아찔했다	吓得都快昏了 xià de dōu kuài hūn le
정말?	真的? zhēn de?
믿을 수 없다	不能相信 bù néng xiāngxìn
눈을 의심했다	我怀疑自己的眼睛 wǒ huáiyí zìjǐ de yǎnjing
귀를 의심했다	我怀疑自己的耳朵 wǒ huáiyí zìjǐ de ěrduō
설마!	不会吧! bú huì ba!
그렇지 않을 걸	不可能的 bù kěnéng de

PART 3 내 기분을 쓰자!

3. 성공과 실패

성공했다	成功了 chénggōng le
그럭저럭 괜찮은 편이다	差不多 chàbuduō
그 정도면 됐지 뭐	够了 gòu le
다시 시도 해보고 싶다	想再试一试 xiǎng zài shì yi shì
	希望再试一试 xīwàng zài shì yi shì
	想再做 xiǎng zài zuò
엉망이다	糟糕 zāogāo
실패했다	失败了 shībài le
완전히 망했어!	完全失败了！wánquán shībài le!
다시 시작하면 안돼?	不能重新做吗？bù néng chóngxīn zuò ma?
간단했다	简单 jiǎndān
누워서 떡 먹기였다	小菜一碟 xiǎocài yì dió
아주 어려웠다	太难了 tài nán le
너무 복잡해!	太复杂了 tài fùzá le
무척 고생했다	吃了很多苦 chīle hěn duō kǔ
	吃了不少苦 chīle bù shǎo kǔ
많은 노력을 했다	付出了很多努力 fùchūle hěn duō nǔlì
	尽了很多努力 jìnle hěn duō nǔlì

4. 분노와 화

한국어	중국어	병음
빌어먹을!	胡扯！	húchě!
쳇	呸	pēi
환장하겠네!	快疯了！	kuài fēng le!
열불나	气死了	qìsǐ le
화나	好生气	hǎo shēngqì
왕짜증	烦死了	fánsǐ le
신경을 건드렸다	让我心烦	ràng wǒ xīnfán
또야!	又来了！	yòu lái le!
꺼져!	滚蛋！	gǔndàn!
우스꽝스럽다	滑稽	huájī
장난하지마	别开玩笑	bié kāi wánxiào
바보 같은 소리!	傻话！	shǎhuà!
멍청하긴	笨蛋	bèndàn
그래서 뭐?	那怎么啦？	nà zěnme la?
뭐든 상관없어	随你的便	suí nǐ de biàn
아, 진짜!	啊，真的！	ā, zhēn de!
제길!	糟了！	zāo le!
지겨워	烦人	fánrén
누가 상관이나 한대?	谁在乎呢？	shéi zàihu ne?

PART 3 내 기분을 쓰자!

5. 후회와 안심

걱정이다	真担心	zhēn dānxīn
긴장된다	好紧张	hǎo jǐnzhāng
무섭다	害怕	hàipà
외롭다	寂寞	jìmò
어떡하면 좋지?	该怎么办呢?	gāi zěnme bàn ne?
도망치고 싶다	想跑掉	xiǎng pǎodiào
너무 신경이 쓰인다	太在意了	tài zàiyì le
속 태우지 마!	别让我操心	bié ràng wǒ cāoxīn
후회하고 있어!	在后悔呢!	zài hòuhuǐ ne!
후회막급이다	后悔莫及	hòuhuǐmòjí
후회는 하지 않는다	不后悔	bú hòuhuǐ
사과하고 싶다	想道歉	xiǎng dàoqiàn
그는 후회할거야	他会后悔的	tā huì hòuhuǐ de
휴, 다행이다	谢天谢地	xiètiānxièdì
안심했다	放心了	fàngxīn le
정말 다행이다	真是幸事	zhēn shì xìngshì
한시름 놨다	可以松口气了	kěyǐ sōng kǒuqì le
안심하긴 아직 이르다	放心, 还早	fàngxīn, hái zǎo
그건 다행이다	那很万幸	nà hěn wànxìng
어깨의 짐을 내렸다	放下肩负	fàngxià jiānfù

6. 느낌과 만족

한국어	중국어	병음
맛있다	好吃	hǎo chī
정말 맛있다	真好吃	zhēn hǎo chī
달다	好甜	hǎo tián
쓰다	好苦	hǎo kǔ
짜다	好咸	hǎo xián
시다	好酸	hǎo suān
새콤달콤하다	酸甜	suān tián
기름기가 많다	油太多	yóu tài duō
담백하다	清淡	qīngdàn
바삭바삭하다	好脆	hǎo cuì
비싸다	好贵	hǎo guì
싸다	好便宜	hǎo piányi
비싸지만 만족한다	虽然贵,但满意	suīrán guì, dàn mǎnyì
싸게 비지떡이다	一分钱一分货	yì fēn qián yì fēn huò
(싼 가격에)잘 샀다	买得好	mǎi de hǎo
절반 가격이다	是一半的价格	shì yí bàn de jiàgé
추가 30% 할인이다	再打7折	zài dǎ qī zhé
정말 마음에 든다	真喜欢	zhēn xǐhuan
사지 말걸 그랬다	不应该买它	bù yīnggāi mǎi tā
그렇지 않을 걸	不可能的	bù kěnéng de

PART 3 내 기분을 쓰자!

7. 감상

즐겁다	真有趣 zhēn yǒuqù
지겹다	好无聊 hǎo wúliáo
좋다	真好 zhēn hǎo
그다지 좋지 않다	一般 yìbān
이겼다	赢了 yíng le
졌다	输了 shū le
비겼다	打平了 dǎpíng le
지치다	累了 lèi le
근육통이 오다	肌肉抽筋 jīròu chōujīn
땀을 많이 흘렸다	流了许多汗 liúle xǔduō hàn
좋은 이야기였다	内容很精彩 nèiróng hěn jīngcǎi
정말 좋다	真不错 zhēn búcuò
감동 받았다	让我感动 ràng wǒ gǎndòng
재미있다	有意思 yǒu yìsi
실망스럽다	让我失望 ràng wǒ shīwàng
강력추천	大力推荐 dàlì tuījiàn
어렵다	难懂 nándǒng
어려워서 이해가 안된다	令人难解 lìng rén nánjiě
재미없다	没有意思 méi yǒu yìsi
시간낭비다	浪费时间 làngfèi shíjiān

8. 외모

한국어	중국어	병음
멋있다	好帅	hǎo shuài
미인이다	是美女	shì měinǚ
매력적이다	有魅力	yǒu mèilì
귀엽다	好可爱	hǎo kě'ài
키가 크다	个子高	gèzi gāo
키가 작다	个子矮	gèzi ǎi
세련되다	有形	yǒuxíng
센스가 있다	有品味	yǒu pǐnwèi
오타쿠 같다	像书呆子	xiàng shūdāizi
진지해 보인다	很认真	hěn rènzhēn
눈이 크다	眼大	yǎn dà
피부가 하얗다	皮肤白	pífū bái
피부가 좋다	皮肤好	pífū hǎo
섹시하다	很性感	hěn xìnggǎn
마른 편이다	是偏瘦	shì piān shòu
체격이 좋다	体型好	tǐxíng hǎo
섹시한 남자다	性感男人	xìnggǎn nánrén
자그마하다	矮小	ǎixiāo
통통하다	肉乎乎的	ròuhūhū de
	胖乎乎	pànghūhū de

PART 3 내 기분을 쓰자!

9. 성격

성격이 좋다	性格好	xìnggé hǎo
기가 세다	性格坚强	xìnggé jiānqiáng
친절하다	对人亲切	duì rén qīnqiè
무뚝뚝하다	对人刻板	duì rén kèbǎn
겸손한 사람이다	人很谦虚	rén hěn qiānxū
예리한 사람이다	人很敏感	rén hěn mǐngǎn
멍청하다	很傻	hěn shǎ
우아하다	很优雅	hěn yōuyǎ
천박하다	很贱	hěn jiàn
이상하다	很奇怪	hěn qíguài
변덕스럽다	爱变卦	ài biànguà
논리적이다	有逻辑	yǒu luójí
현실적이다	很现实	hěn xiànshí
설득력이 있다	有说服力	yǒu shuōfúlì
이야기하기 편하다	很谈得来	hěn tán de lái
신뢰할 수 있는 사람이다	可靠的人	kěkào de rén
온화한 사람이다	是温和的人	shì wēnhé de rén
인상이 좋은 사람이다	印象很好	yìnxiàng hěn hǎo
목소리가 크다	声音大	shēngyīn dà
목소리가 작다	声音小	shēngyīn xiǎo

10. 칭찬과 격려

열심히 잘 했어!	做得很好! zuò de hěn hǎo!
브라보!	好极了! hǎojí le!
거의 다 했었는데	快要做完了 kuài yào zuòwán le
나 자신을 자랑스럽게 생각하다	自以为豪 zì yǐwéi háo
힘내!	加油! jiāyóu!
걱정근물!	不许担忧! bù xǔ dānyōu!
어쩔 수 없어	没办法 méi bànfǎ
그저 시간문제일 뿐이야	只是早晚的事 zhǐ shì zǎowǎn de shì
내 잘못이 아니야	不是我的错 bú shì wǒ de cuò
운이 없었을 뿐이야	只是没运气罢了 zhǐ shì méi yùnqi bà le
다음에는 잘 될 거야	下次会好的 xiàcì huì hǎo de
가능성은 있어	有可能性 yǒu kěnéngxìng
포기하지 말고 힘내!	不要放弃, 加油! bú yào fàngqì, jiāyóu!
손해 볼 것 없어	没什么可吃亏的 méi shéme kě chīkuī de
자신을 가져	要有自信 yào yǒu zìxìn
나라면 할 수 있어!	我能做! wǒ néng zuò!
파이팅!	加油! jiāyóu!
어깨의 짐을 내렸다	放下了肩负 fàngxiàle jiānfù
여유있게 하자	别着急 bié zháojí
인생 다 그런거지	人生都是一样 rénshēng dōu shì yíyàng

DIARY

좋은 말 좋은 글

말에는 놀랄 정도로 힘이 있습니다.
말에 의해 격려를 받거나, 용기를 얻거나,
감동하거나, 힘을 얻거나,
사소한 말 한 마디가 그 사람의 인생을
바꾸는 경우도 있습니다.
여기에서는 그런 " 좋은 말 좋은 글 " 을 소개합니다.
노트나 카드에 써서
자기자신, 친구에게 편지를 보낼 때 활용해 보세요.

1. 인생

인생은 아름답다.

人生是美丽的。
Rénshēng shì měilì de.

만남을 소중하게 여기자.

珍惜每一次相遇。
Zhēnxī měi yí cì xiàngyù.

인생에 리허설은 없다.

人生没有彩排。
Rénshēng méi yǒu cǎipái.

결코 끝났다고 말하지 말아라.

永远不要说"完了"。
Yǒngyuǎn bú yào shuō "wán le".

고난 없이 영광도 없다.

未经苦难，得不到荣冠。
Wèi jīng kǔnàn, dé bu dào róngguàn.

당신의 인생은 당신 손에 달려있다.

人生一切取决于你自己。
Rénshēng yíqiè qǔjué yú nǐ zìjǐ.

인생은 마치 등산과 같아서 오르막 길이 있으면 내리막 길도 있다.

人生如登山，有上坡也有下坡。
Rénshēng rú dēngshān, yǒu shàngpō yě yǒu xiàpō.

2. 성공

성공에 지름길은 없다.
成功没有捷径。
Chénggōng méi yǒu jiéjìng.

실패는 성공의 어머니다.
失败是成功之母。
Shībài shì chénggōng zhī mǔ.

좋은 시작이 성공의 반이다.
好的开始是成功的一半。
Hǎo de kāishǐ shì chénggōng de yíbàn.

뜻이 있는 곳에 길이 있다.
有志者，事竟成。
Yǒu zhìzhě, shì jìng chéng.

기다릴 줄 아는 것이 성공의 큰 비결이다.
懂得如何等待是成功的重要秘诀。
Dǒng de rúhé děngdài shì chénggōng de zhòngyào mìjué.

약자는 기회를 기다리고, 강자는 기회를 만든다.
弱者等待机会，强者创造机会。
Ruòzhě děngdài jīhuì, qiángzhě chuàngzào jīhuì.

승리했을 때 자기를 통제하는 사람은 두 번 승리하는 것이다.
胜利中能克制自己，就是又一次胜利。
Shènglì zhōng néng kèzhì zìjǐ, jiù shì yòu yí cì shènglì.

한번 써 보자!

간단 메모
한 줄 일기
좋은 말 좋은 글
나만의 프로필

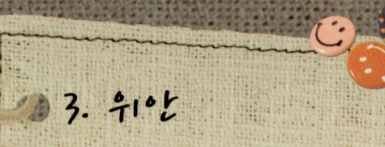

3. 위안

넌 혼자가 아니야.
你并不孤独。
Nǐ bìng bù gūdú.

꿈은 이루어진다.
梦想一定能成真。
Mèngxiǎng yídìng néng chéng zhēn.

고통은 나누면 반이 된다.
两人分担，困难减半。
Liǎng rén fēndān, kùnnan jiǎn bàn.

시간이 약이다.
时间是最好的医生。
Shíjiān shì zuì hǎo de yīshēng.

실수는 발견의 시작이다.
错误是发现的大门。
Cuòwù shì fāxiàn de dàmén.

실패하지 않는 가장 확실한 방법은 성공을 결심하는 것이다.
不致失败的最可靠方法就是决心成功。
Bú zhì shībài de zuì kěkào fāngfǎ jiù shì juéxīn chénggōng.

이루어질 꿈도 이루어지지 않을 꿈만큼 불확실할 수 있다.
梦想成真，可能像没有实现的梦一样令人不安。
Mèngxiǎng chéng zhēn, kěnéng xiàng méi yǒu shíxiàn de mèng yíyàng lìng rén bù'ān.

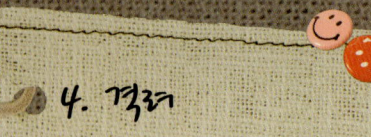

4. 격려

힘내! 너라면 할 수 있어.

加油！你一定能做到。
Jiāyóu! Nǐ yídìng néng zuòdào.

포기하지 마.

别放弃。
Bié fàngqì.

자신을 믿어라.

相信自己。
Xiāngxìn zìjǐ.

스스로를 존중해야 다른 사람도 당신을 존중한다.

让别人尊重自己，必须要自己尊重自己。
Ràng biérén zūnzhòng zìjǐ, bìxū yào zìjǐ zūnzhòng zìjǐ.

있는 그대로의 네가 좋아.

就是喜欢这样的你。
Jiù shì xǐhuan zhèyàng de nǐ.

다시 시작하는데 너무 늦은 때는 없어.

任何时候重新开始都不是太晚。
Rènhé shíhou chóngxīn kāishǐ dōu bú shì tài wǎn.

천재는 1퍼센트의 영감과 99퍼센트의 노력으로 만들어진다.

天才是一分灵感加九十九分血汗。
Tiāncái shì yì fēn línggǎn jiā jiǔshíjiǔ fēn xuèhàn.

한번 써 보자!

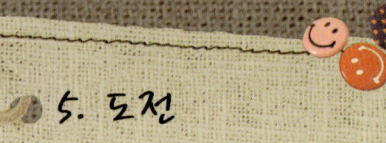

꿈을 추구하자.
追求梦想。
Zhuīqiú mèngxiǎng.

모든 일은 좋은 쪽으로 생각해야 한다.
凡是都要往好的方向想。
Fánshì dōu yào wǎng hǎo de fāngxiàng xiǎng.

승리는 가장 끈기 있는 자에게 돌아간다.
胜利属于最坚强不屈的人。
Shènglì shǔ yú zuì jiānqiáng bùqū de rén.

위대한 사람은 기회가 없다고 원망하지 않는다.
伟人从不抱怨没有机会。
Wěirén cóng bú bàoyuàn méi yǒu jīhuì.

좌절은 벌이 아니라 공부할 기회야.
挫折不是惩罚，而是学习的机会。
Cuòzhé bú shì chéngfá, érshì xuéxí de jīhuì.

우연이 아닌 선택이 운명을 결정한다.
不是机遇，而是选择在左右你的命运。
Búshì jīyù, érshì xuǎnzé zài zuǒyòu nǐ de mìngyùn.

멈추지 말고 한 가지 목표에 매진하라. 그것이 성공의 비결이다.
不停地走向一个目标，这是成功的秘诀。
Bù tíng de zǒu xiàng yí gè mùbiāo, zhè shì chénggōng de mìjué.

한번 써 보자!

6. 속담 & 명언

연습이 완벽을 만든다.
熟能生巧。
Shú néng shēng qiǎo.

행동이 말보다 강하다.
行动胜于雄辩。
Xíngdòng shèng yú xióngbiàn.

경험은 최고의 선생님이다.
经验是最好的老师。
Jīngyàn shì zuì hǎo de lǎoshī.

고통 없이는 얻는 것도 없다.
一分耕耘，一分收获。
Yì fēn gēngyún, yì fēn shōuhuò.

인생은 겸손에 대한 오랜 수업이다.
人生是学习谦恭的课堂。
Rénshēng shì xuéxí qiāngōng dc kètáng.

처음의 결심과 자신감을 항상 기억하자.
永远记住最初的决心与信心。
Yǒngyuǎn jìzhù zuì chū de juéxīn yǔ xìnxīn.

오늘 할 일을 내일로 미루지 말자.
今天要完成的事情，不要放到明天才做。
Jīntiān yào wánchéng de shìqing, bú yào fàngdào míngtiān cái zuò.

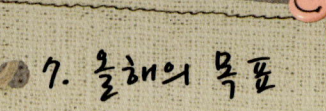

7. 올해의 목표

건강을 지키고 싶다.
我要保持身体健康。
Wǒ yào bǎochí shēntǐ jiànkāng.

1000만원 저금할 거다.
我要存1000万韩元。
Wǒ yào cún yìqiān wàn Hányuán.

중국어로 일기를 써야지.
我要用汉语写日记。
Wǒ yào yòng Hànyǔ xiě rìjì.

새해의 목표는 XX대학교에 합격하는 것이다.
新年的目标是考上XX大学。
Xīnnián de mùbiāo shì kǎoshàng xx dàxué.

새해의 목표는 7kg을 감량하는 것이다.
新年的目标是减肥7公斤。
Xīnnián de mùbiāo shì jiǎnféi qī gōngjīn.

새해의 목표는 자원봉사활동을 하는 것이다.
新年的目标是做志愿者活动。
Xīnnián de mùbiāo shì zuò zhìyuànzhě huódòng.

새해의 목표는 HSK 6급을 증서를 취득하는 것이다.
新年的目标是获得HSK六级。
Xīnnián de mùbiāo shì huòdé HSK liù jí.

 **1. 새해의 목표는 무엇인가?**

新年的目标是什么?
Xīnnián de mùbiāo shì shéme?

我要存1000万韩元。
Wǒ yào cún yìqiān wàn Hányuán.
난 1000만원을 저금할 거다.

我要用汉语写日记。
Wǒ yào yòng Hànyǔ xiě rìjì.
난 중국어로 일기를 쓸 거다.

我要保持身体健康。
Wǒ yào bǎochí shēntǐ jiànkāng.
난 건강을 지키고 싶다.

新年的目标是考上名牌儿大学。
Xīnnián de mùbiāo shì kǎoshàng míngpáir dàxué.
새해의 목표는 명문 대학교에 입학하는 것이다.

新年的目标是减肥7公斤。
Xīnnián de mùbiāo shì jiǎnféi qī gōngjīn.
새해의 목표는 7kg을 감량하는 것이다.

新年的目标是做志愿者活动。
Xīnnián de mùbiāo shì zuò zhìyuànzhě huódòng.
새해의 목표는 자원봉사활동을 하는 것이다.

 새해 목표를 써 보자.

한번 써 보자!

간단
메모

한 줄
일기

좋은 말
좋은 글

나만의
프로필

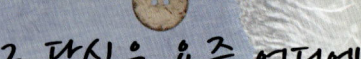

2. 당신은 요즘 어디에 빠져 있는가?

你最近沉迷在哪里?
Nǐ zuìjìn chénmí zài nǎli?

我沉迷于科幻小说。
Wǒ chénmí yú kēhuàn xiǎoshuō.
난 판타지 소설에 빠져 있다.

我沉迷于瑜伽。
Wǒ chénmí yú yújiā.
난 요가에 빠져 있다.

我沉迷于丹麦式减肥。
Wǒ chénmí yú Dānmàishì jiǎnféi.
난 덴마크 다이어트에 빠져 있다.

我沉迷于歌剧。
Wǒ chénmí yú gējù.
난 뮤지컬에 빠져 있다.

我享受在小院里养花。
Wǒ xiǎngshòu zài xiǎoyuàn li yǎng huā.
난 정원에서 꽃 가꾸는 걸 즐기고 있다.

我沉迷于邮票收集。
Wǒ chénmí yú yóupiào shōují.
난 우표 수집에 빠져 있다.

 요즘 내가 어디에 빠져 있는지 써 보자.

한번 써 보자!

간단 메모
한 줄 일기
좋은 말 좋은 글
나만의 프로필

3. 당신이 제일 존경하는 사람은?

你最尊敬的人是谁?
Nǐ zuì zūnjìng de rén shì shéi?

我尊敬我父亲。
Wǒ zūnjìng wǒ fùqīn.
난 아버지를 존경한다.

我尊敬圣女泰丽莎。
Wǒ zūnjìng shèngnǚ Tàilìshā.
난 마더 테레사를 존경한다.

我尊敬金教授。
Wǒ zūnjìng Jīn jiàoshòu.
난 김 교수님을 존경한다.

我想成为像少女时代一样的歌手。
Wǒ xiǎng chéngwéi xiàng Shàonǚshídài yíyàng de gēshǒu.
난 소녀시대같은 가수가 되고 싶다.

我想成为像奥巴马总统一样的著名演说家。
Wǒ xiǎng chéngwéi xiàng Àobāmǎ zǒngtǒng yíyàng de zhùmíng yǎnshuōjiā.
난 오바마대통령같은 유명한 연설가가 되고 싶다.

我认为他的努力值得受尊敬。
Wǒ rènwéi tā de nǔlì zhídé shòu zūnjìng.
그의 노력은 존경 받을 만하다고 생각한다.

✏️ 내가 제일 존경하는 사람이 누군지 써 보자.

한번 써 보자!

간단 메모

한 줄 일기

좋은 말 좋은 글

나만의 프로필

 4. 당신의 꿈은?

你的梦想是什么?
Nǐ de mèngxiǎng shì shéme?

我的梦想是住在我自己家里。
Wǒ de mèngxiǎng shì zhùzài wǒ zìjǐ jiā li.
내 꿈은 내 집에서 사는 것이다.

我想考上公务员。
Wǒ xiǎng kǎoshàng gōngwùyuán.
공무원 시험에 합격하면 좋겠다.

我的梦想是到海外留学。
Wǒ de mèngxiǎng shì dào hǎiwài liúxué.
내 꿈은 해외로 유학 가는 것이다.

我的梦想是成为一名律师。
Wǒ de mèngxiǎng shì chéngwéi yì míng lǜshī.
내 꿈은 변호사가 되는 것이다.

我的梦想是买彩票中30亿韩元享受豪华的生活。
Wǒ de mèngxiǎng shì mǎi cǎipiào zhòng sānshí yì Hányuán xiǎngshòu háohuá de shēnghuó.
내 꿈은 30억원 복권에 당첨돼서 럭셔리한 삶을 사는 것이다.

有一天，我想拥有一辆跑车。
Yǒu yì tiān, wǒ xiǎng yōngyǒu yí liàng pǎochē.
언젠가 스포츠카를 가지면 좋겠다.

 내 꿈이 무엇인지 써 보자.

한번 써 보자!

간단
메모

한 줄
일기

좋은 말
좋은 글

나만의
프로필

5. 내 장점은 무엇인가?

你觉得你的长处是什么?
Nǐ juéde nǐ de chángchu shì shéme?

我喜欢我的幽默感。
Wǒ xǐhuan wǒ de yōumògǎn.
난 유머감각이 좋다.

我喜欢我非常准时。
Wǒ xǐhuan wǒ fēicháng zhǔnshí.
난 내가 시간을 정확하게 지키는 점이 좋다.

我觉得我是很会照顾人的人。
Wǒ juéde wǒ shì hěn huì zhàogùrén de rén.
난 남을 잘 배려하는 사람이라고 생각한다.

我的长处是积极的思维方式。
Wǒ de chángchu shì jījí de sīwéi fāngshì.
나의 장점은 긍정적인 사고방식이다.

遭到失败也决不放弃，就是我的优点。
Zāodào shībài yě jué bú fàngqì, jiù shì wǒ de yōudiǎn.
실패해도 끝까지 포기하지 않는 것이 나의 장점이다.

我喜欢我的微笑。
Wǒ xǐhuan wǒ de wēixiào.
난 내 미소가 좋다.

 나의 장점이 무엇인지 써 보자.

한번 써 보자!

6. 내 성격 중 바꾸고 싶은 부분은?

自己的性格中，你有想改变的部分吗?
Zìjǐ de xìnggé zhōng, nǐ yǒu xiǎng gǎibiàn de bùfen ma?

我想改变急躁的性格。
Wǒ xiǎng gǎibiàn jízào de xìnggé.
난 급한 성격을 바꾸고 싶다.

我想改变自私的性格。
Wǒ xiǎng gǎibiàn zìsī de xìnggé.
난 이기적인 성격을 바꾸고 싶다.

我讨厌我很容易放弃。
Wǒ tǎoyàn wǒ hěn róngyì fàngqì.
난 쉽게 포기하는 점이 싫다.

我讨厌我很容易受别人的影响。
Wǒ tǎoyàn wǒ hěn róngyì shòu biérén de yǐngxiǎng.
난 다른 사람에게 쉽게 영향을 받는 점이 싫다.

我没有想改的部分。我喜欢现在这样的我。
Wǒ méi yǒu xiǎng gǎi de bùfen. Wǒ xǐhuan xiànzài zhèyàng de wǒ.
난 바꾸고 싶은 점이 없다. 지금 모습 이대로가 좋다.

我想成为能说的人。
wǒ xiǎng chéngwéi néng shuō de rén.
난 말을 잘하는 사람이 되고 싶다.

 내 성격 중 바꾸고 싶은 부분을 써 보자.

한번 써 보자!

你什么时候感到幸福?
Nǐ shénme shíhou gǎndào xìngfú?

我和我爱的人们在一起时,感到幸福。
Wǒ hé wǒ ài de rénmen zài yìqǐ shí, gǎndào xìngfú.
사랑하는 사람들과 함께 있을 때 행복하다고 느낀다.

我在吃好吃的东西时,感到幸福。
Wǒ zài chī hǎo chī de dōngxi shí, gǎndào xìngfú.
맛있는 음식을 먹을 때 행복하다고 느낀다.

听我喜欢的音乐时,感到幸福。
Tīng wǒ xǐhuan de yīnyuè shí, gǎndào xìngfú.
좋아하는 노래를 들을 때 행복하다고 느낀다.

看到孩子们的微笑时,感到幸福。
Kàndào háizǐmen de wēixiào shí, gǎndào xìngfú.
아이들의 미소를 볼 때 행복하다고 느낀다.

我可以尽情睡觉时,感到幸福。
Wǒ kěyǐ jìnqíng shuìjiào shí, gǎndào xìngfú.
실컷 잘 수 있을 때 행복하다고 느낀다.

公司或朋友需要我帮忙时,我感到幸福。
Gōngsī huò péngyou xūyào wǒ bāngmáng shí, wǒ gǎndào xìngfú.
직장이나 친구들이 나를 필요로 할 때 행복하다고 느낀다.

 내가 행복을 느낄 때가 언제인지 써 보자.

한번 써 보자!

8. 나에게 가장 소중한 것은?

你最珍惜的是什么?
Nǐ zuì zhēnxī de shì shéme?

我珍惜友情。
Wǒ zhēnxī yǒuqíng.
우정을 소중하게 여긴다.

家人是我最珍惜的。
Jiārén shì wǒ zuì zhēnxī de.
가족이 가장 소중하다.

我最珍惜的是钱。
Wǒ zuì zhēnxī de shì qián.
나에게는 돈이 가장 소중하다.

我最珍惜的是工作。
Wǒ zuì zhēnxī de shì gōngzuò.
나에게 있어 가장 중요한 것은 일이다.

最重要的是健康。
Zuì zhòngyào de shì jiànkāng.
가장 중요한 것은 건강이다.

我需要坚强的精神。
Wǒ xūyào jiānqiáng de jīngshén.
나에게는 강한 정신력이 필요하다.

 나에게 가장 소중한 것이 무엇인지 써 보자.

한번 써 보자!

간단 메모
한 줄 일기
좋은 말 좋은 글
나만의 프로필

9. 매일 꾸준히 하는 일은?

你每天都坚持做的事是什么?
Nǐ měitiān dōu jiānchí zuò de shì shì shénme?

我每天早上跑步3公里。
Wǒ měitiān zǎoshang pǎobù sān gōnglǐ.
매일 아침 3킬로씩 조깅한다.

每天用汉语写日记。
Měitiān yòng Hànyǔ xiě rìjì.
매일 중국어로 일기를 쓴다.

每天吃2片维生素。
Měitiān chī liǎng piàn wéishēngsù.
매일 2알의 비타민을 먹고 있다.

每天睡觉前，必须做伸展操。
Měitiān shuìjiào qián, bìxū zuò shēnzhǎncāo.
자기 전에 꼭 스트레칭을 한다.

我每天不忘为家人祷告。
Wǒ měitiān bú wàng wéi jiārén dǎogào.
매일 잊지 않고 가족을 위해 기도한다.

每天给花浇水。
Měitiān gěi huā jiāoshuǐ.
매일 화분에 물을 준다.

 매일 꾸준히 하는 일이 무엇인지 써 보자.

한번 써 보자!

 **10. 10년 후 내 모습은?**

10年以后，我在做什么?
Shí nián yǐhòu, wǒ zài zuò shénme?

10年以后，我要享受很幸福的生活。
Shí nián yǐhòu, wǒ yào xiǎngshòu hěn xìngfú de shēnghuó.
10년 후에 행복한 삶을 살고 있을 것이다.

10年以后，我可能结完婚正忙着养孩子呢。
Shí nián yǐhòu, wǒ kěnéng jiéwán hūn zhèng mángzhe yǎng háizi ne.
10년 후에 나는 결혼해서 아이를 키우느라 바쁠 것이다.

10年以后，我要过着和现在没什么区别的生活。
Shí nián yǐhòu, wǒ yào guòzhe hé xiànzài méi sheme qūbié de shēnghuó.
10년 후에 나는 아마 지금과 다르지 않은 생활을 하고 있을 것이다.

10年以后，我希望我担任管理职位。
Shí nián yǐhòu, wǒ xīwàng wǒ dānrèn guǎnlǐ zhíwèi.
10년 후에 나는 관리직을 맡고 있었으면 좋겠다.

10年以后，我可能在环球旅行。
Shí nián yǐhòu, wǒ kěnéng zài huánqiú lǚxíng.
10년 후에 나는 세계여행을 하고 있을 것이다.

10年以后，我希望我学跳舞。
Shí nián yǐhòu wǒ xīwàng wǒ xué tiàowǔ.
10년 후에 나는 춤을 배우고 있었으면 좋겠다.

 10년 후 내 모습을 써 보자.

한번 써 보자!

나만의 프로필

내가 직접 만들어 보는

중국어 다이어리

星期天	星期一	星期二	星期三

星期四	星期五	星期六

星期天	星期一	星期二	星期三

星期四	星期五	星期六

月

星期天	星期一	星期二	星期三

星期四	星期五	星期六

星期天	星期一	星期二	星期三

星期四	星期五	星期六	

星期天	星期一	星期二	星期三

星期四	星期五	星期六

星期天	星期一	星期二	星期三

星期四	星期五	星期六

星期天	星期一	星期二	星期三

星期四	星期五	星期六

星期天	星期一	星期二	星期三

星期四	星期五	星期六	

星期天	星期一	星期二	星期三

星期四	星期五	星期六

星期天	星期一	星期二	星期三

星期四	星期五	星期六	

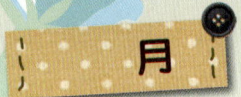

星期天	星期一	星期二	星期三

星期四	星期五	星期六

月

星期天	星期一	星期二	星期三

星期四	星期五	星期六

저자소개

이은아
중국 남개대학교 법학과 졸업
이화여자대학교 통번역대학원 한중통역과 졸업
(前) 울산 화교 초등학교 담임교사
(前) 삼성, 현대 등 다수 기업 동시통역
(現) SK China 사내 동시통역사

이신혜
숙명여자대학교 중어중문학과 졸업
이화여자대학교 통번역대학원 한중통역과 졸업

초판발행	2012년 6월 30일
1판 2쇄	2013년 1월 25일
편저	이은아 · 이신혜
발행인	이기선
발행처	제이플러스
주소	서울시 마포구 월드컵로 31길 62
전화	(02) 332-8320 팩스 (02) 332-8321
등록번호	제10-1680호
등록일자	1998년 12월 9일
홈페이지	www.jplus114.com
편집	김효선
북디자인	한민혜
마케팅	김흥태

ISBN   978-89-94632-68-1

값 13,000원
copyright © 2012 JPLUS